ARCHÉOLOGIE

DES

ÉCOLES PRIMAIRES

PAR M. DE CAUMONT

CORRESPONDANT DE L'INSTITUT
FONDATEUR DES CONGRÈS SCIENTIFIQUES
DIRECTEUR DE L'INSTITUT DES PROVINCES ET DE LA SOCIÉTÉ FRANÇAISE
D'ARCHÉOLOGIE

CAEN

TYP. DE F. LE BLANC-HARDEL, LIBRAIRE

RUE FROIDE, 2

M DCCC LXVIII

ARCHÉOLOGIE

DES

ÉCOLES PRIMAIRES

M. DE CAUMONT

CORRESPONDANT DE L'INSTITUT DE FRANCE

DIRECTEUR DE L'INSTITUT DES PROVINCES

AVERTISSEMENT.

Le présent résumé est destiné aux Écoles primaires, et l'on comprendra que j'ai dû me borner à indiquer quelques faits généraux, quelques principes de classification facilement assimilables par les esprits les plus jeunes et les moins formés à l'étude.

Ces notions, d'ailleurs, pourront être développées si cette première tentative détermine, comme je l'espère, MM. les Instituteurs primaires à donner, dans leurs classes d'adultes surtout, quelques notions d'histoire et d'archéologie : alors je ferais de ces éléments, réduits à leur plus simple expression, une nouvelle édition plus étendue. L'archéologie, j'en suis convaincu, devra trouver dans MM. les Instituteurs primaires des auxiliaires très-utiles : il leur serait facile de

1

constater *de visu* une foule de trouvailles qui passent inaperçues et qui arrivent aux archéologues , après avoir été mal appréciées par des observateurs inhabiles ; je serais heureux si cet opuscule déterminait les Instituteurs à noter avec soin tout ce qui intéresse l'histoire de leurs localités respectives et la conservation des monuments anciens qui s'y trouvent.

A. DE CAUMONT.

ARCHÉOLOGIE

DES

ÉCOLES PRIMAIRES.

— ⁂ —

CHAPITRE PREMIER.

TEMPS PRÉHISTORIQUES.

On appelle *préhistoriques* les temps les plus anciens pendant lesquels il n'y a pas eu d'histoire écrite.

La France, qui occupe une partie considérable de l'ancienne Gaule, n'a commencé à être bien connue qu'à partir de la conquête de Jules César (58 ans avant J.-C.) pour les parties du nord et du centre. La partie sud, voisine de la Méditerranée, avait été annexée à l'Empire romain près d'un siècle auparavant.

Quelques colonies grecques avaient, il est vrai, fondé des villes (*Marseille, Nice, Antibes*, etc.), sur les rives de la Méditerranée longtemps avant l'apparition des Romains dans ces parages; mais leurs territoires étaient restreints aux contrées littorales dans lesquelles ces ports de commerce, que nous appellerions aujourd'hui des comptoirs, avaient été établis.

L'an 600 de Rome (130 ans environ avant J.-C.), les Romains appelés au secours de la colonie grecque de Marseille, entrèrent dans la Gaule méridionale avec une armée, après avoir suivi la route de la Corniche. Le résultat de cette campagne fut un agrandissement de territoire pour les Marseillais et la cession, pour les Romains, de quelques contrées le long de la Méditerranée. De ce moment Rome, qui avait un pied dans la Gaule transalpine, devait s'emparer de tout le reste, et s'assimiler les différents peuples qui habitaient l'Aquitaine, la Celtique et la Belgique. Mais il devait s'écouler un temps assez long avant que cette assimilation pût avoir lieu, avant que César fût appelé à l'exécuter.

Aix (*Aquæ Sextiæ*) fut fondée par le proconsul *Sextius Calvinus*, l'an de Rome 629 (101 ans avant l'ère chrétienne).

La fondation de Narbonne, qui devait devenir la capitale de la province que Rome formait alors depuis le littoral méditerranéen jusqu'au confluent de la Saône et du Rhône, remonte à l'an 676 ou à l'an 94 avant J.-C.

En l'an 696 (58 ans avant l'ère chrétienne), une invasion projetée par les Helvétiens appela César sur les bords du Rhône; il put alors commencer la conquête de la Gaule tout entière, opération qui dura près de dix années et dont les *Commentaires* nous font connaître les péripéties.

Ainsi donc, pour nous Français, l'horizon préhistorique peut être fixé approximativement à deux siècles avant l'ère chrétienne ; mais nous savons, par les mêmes *Commentaires*, qu'à cette époque les Gaulois avaient déjà une organisation parfaitement établie. C'étaient des peuples battant monnaie, connaissant l'usage du fer et déjà sortis de la barbarie. Ce que j'aurai à dire s'appliquera conséquemment à des temps un peu plus anciens que ceux qui suivent, en remontant, le IIᵉ siècle avant l'ère chrétienne (1).

A partir de cet horizon jusqu'aux temps les plus reculés, nous avons devant nous une vaste période sans histoire écrite, sans renseignements positifs,

(1) Nous savons bien que les anciennes expéditions des Gaulois attestent une organisation déjà puissante. Justin et Tite-Live parlent de celles qu'ils entreprirent entre l'an 138 et l'an 178 de la fondation de Rome. Plus tard, pendant près de deux siècles, les Romains eurent à lutter contre les habitants de la Gaule cisalpine ; mais ces récits sont bien obscurs et ne nous font pas suffisamment connaître notre Gaule, c'est-à-dire la Gaule correspondant exactement au territoire français. Nous considérons donc comme pouvant être attribués à l'ère préhistorique les temps qui ont précédé les deux siècles antérieurs à l'ère chrétienne, renvoyant au beau livre de l'Empereur sur l'*Histoire de Jules-César*, à l'*Histoire des Gaulois*, de M. Amédée Thierry, et au 1ᵉʳ volume de l'*Histoire de France*, de M. H. Martin, ceux qui voudront étudier à fond le petit nombre de faits qui appartiennent à ces temps obscurs de notre histoire nationale.

durant laquelle il faut essayer de retrouver le progrès et le développement de l'humanité au moyen des traces plus ou moins informes qu'elle a laissées sur son passage ; il faut que l'archéologie prenne en main le burin de l'histoire et qu'elle cherche à déduire quelques *probabilités historiques* d'une observation scrupuleuse de faits bien constatés. Les antiquaires des derniers temps se sont livrés avec une ardeur remarquable à ce genre de recherches.

Ils ont établi dans l'histoire de l'homme, *antérieure aux époques connues*, trois grandes phases ou étapes savoir :

L'AGE DE PIERRE,

L'AGE DE BRONZE,

L'AGE DE FER.

La fonte ou réduction des métaux est une opération difficile qui dut être longtemps inconnue : les peuples les moins avancés dans la civilisation durent fabriquer les engins dont ils avaient besoin pour leur défense, pour la chasse et pour les usages les plus ordinaires de la vie, avec des pierres dures telles que le silex, des os d'animaux, du bois, etc., etc.

Les nombreuses découvertes faites dans divers pays, notamment en France, en Suisse, en Angleterre, en Danemarck, viennent confirmer ce premier aperçu.

Les collections renferment une quantité considérable de pointes de flèches, de couteaux, de

haches, faites en silex et en roches dures : un
grand nombre d'instruments en os, en corne et en
pierre se sont rencontrés partout ; ils se sont conservés presque intacts dans la terre où ils étaient
ensevelis. La période temporaire durant laquelle les
métaux n'étaient pas encore en usage a donc reçu
la dénomination d'*âge de pierre*.

Les meilleures qualités de roches pour la fabrication des instruments (haches, couteaux, grattoirs,
pointes de flèches) étaient le *silex*, plusieurs roches
feldspathiques, un pétrosilex vert et certaines variétés de porphyre ; mais le silex a été, paraît-il,
la pierre la plus généralement employée en Gaule
et peut-être aussi la plus facile à tailler au moyen
du clivage.

Effectivement, si l'on donne avec certaines précautions un coup de marteau sur un silex de
forme allongée, ce silex éclate et la pierre détachée
affecte la forme conoïdale ; elle est plate d'un côté,
offrant de l'autre une arête. On peut produire ainsi
des couteaux en silex dont certaines localités offrent
des centaines d'exemplaires.

Le clivage répété plusieurs fois avec habileté
peut produire des haches, des pointes de flèches
et d'autres instruments dans le genre de ceux dont
je présente l'esquisse (V. la page suivante).

Les objets se rapportant à l'âge de pierre et à
l'âge de bronze ont été trouvés surtout dans les

tombeaux ou *tumulus*, dans les cités *lacustres*, dans certaines *cavernes* anciennement habitées.

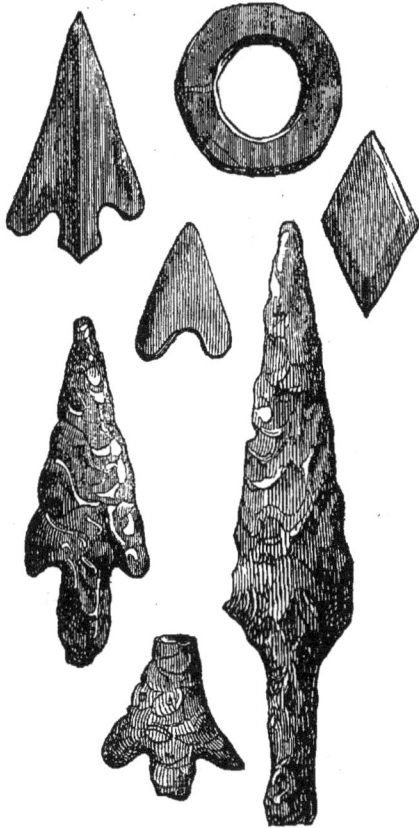

Examinons successivement ces trois lieux de dépôt, qui ont offert depuis peu tant de révélations à ceux qui les ont explorés.

TUMULUS.

Les tumulus ou tombeaux, très-répandus sur le sol français, se composent d'une chambre centrale formée de quartiers de roches d'une grande dimension, à laquelle on accède ordinairement par une allée construite de même ; le tout était enchâssé dans un vaste monceau de pierres et de terre.

Soit que l'on n'ait qu'imparfaitement enchâssé la chambre centrale au milieu du monticule factice, soit, ce qui est le plus ordinaire, qu'on ait utilisé *les terres ou les pierres du tumulus* à une époque postérieure, il arrive souvent que les blocs de pierre formant la chambre centrale sont mis à nu et presque complètement dégagés ; c'est alors ce qu'on appelle *dolmen*.

Les morts étaient déposés entiers, en général *assis* et adossés aux murs dans cette chambre centrale, accompagnés de leurs haches et de leurs autres armes en silex, quelquefois de poteries grossières et d'autres objets qui leur avaient appartenu.

Je donne (page suivante) l'esquisse d'un tumulus, dans son état complet (n° 1);

Celle d'un tumulus ouvert (n° 2), avec son dolmen en place,

Et enfin celle d'un dolmen complètement dénudé, comme on en trouve quelquefois (n° 3).

Un des plus beaux dolmens tumulaires qui exis-

VUE EXTÉRIEURE D'UN TUMULUS.

VUE INTÉRIEURE D'UN TUMULUS.

DOLMEN CENTRAL D'UN TUMULUS.

tent en France, c'est peut-être celui de Bagneux,
près de Saumur. Cette chambre centrale se compose
d'énormes pierres posées de champ, formant les
murs d'une vaste chambre dont le plafond est composé de pierres posées horizontalement sur les premières.

On pourrait citer plus de cent autres monuments
du même genre autrefois recouverts de monticules
en pierres et en terre, aujourd'hui complètement
dégagés : la roche d'Essé, près Rennes, les magnifiques dolmens de Locmariaker (Morbihan), celui de
l'Ile-Bouchard, celui de Bournan, dessiné dernière-
ment par M. de Cougny (v. la page suiv.); mais nous
n'avons pas à faire ici la statistique géographique de
ces monuments. M. Bertrand, conservateur du musée
de Saint-Germain, a présenté un aperçu géographique provisoire des tumulus et des dolmens en
France, qui devra être modifié. Ces monuments sont,
en effet, plus nombreux et autrement répartis que
ne l'avaient cru jusqu'ici plusieurs savants voués à
l'étude des monuments celtiques.

Disons, en terminant, que divers antiquaires avaient
pris les dolmens dénudés des tumulus pour des
autels druidiques, mais qu'aujourd'hui cette idée est
à peu près abandonnée, faute de preuves suffisantes.

Le cuivre, avec un alliage qui lui donne plus de
dureté, a été employé après la pierre ou concur-

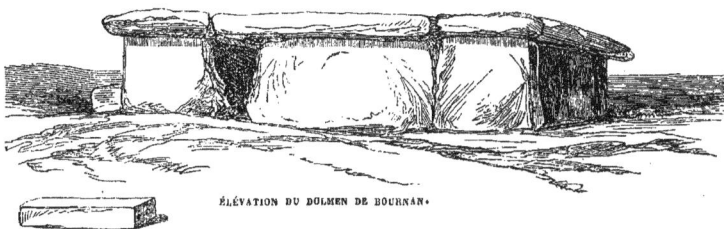

ÉLÉVATION DU DOLMEN DE BOURNAN.

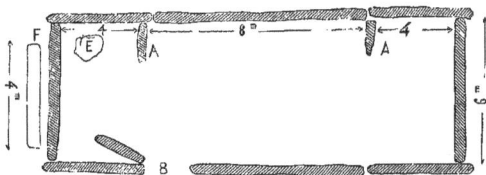

PLAN DU DOLMEN DE BOURNAN.

remment avec elle, quand nos ancêtres ont pu per-
fectionner leur industrie et connaître le moyen de
fondre les métaux.

Les principaux objets en bronze consistent en
*haches, têtes de lances, épées, dagues, couteaux,
hameçons, faucilles, épingles, anneaux et bracelets* ;
ces objets ont été fondus, leurs formes, souvent
élégantes, sont partout les mêmes, en Danemarck
comme en France et en Angleterre ; ce qui prouve
que des types traditionnels, probablement emprun-
tés aux nations civilisées de l'Ancien-Monde et apportés dans l'Europe occidentale à une époque que
nous ne saurions fixer, se reproduisaient sans altération au moyen de moules.

Cette époque importante dans l'histoire des progrès de l'humanité fournit un bon horizon dans la
longue période anté-historique : de là la dénomination d'*âge de* BRONZE. La difficulté est de savoir, par
induction, quand et comment l'avènement du bronze
a eu lieu dans nos contrées septentrionales.

Il y a quelques années, M. Worsaæ et les antiquaires Danois annonçaient que les tumulus de l'âge
de pierre contenaient toujours des loges centrales,
telles que nous en avons cité tout à l'heure, dans
lesquelles on déposait les cadavres assis, les genoux ramenés vers le menton et les bras croisés
sur la poitrine, tandis que les tumulus de l'âge
de bronze ne contenaient pas de salle centrale

construite en grandes pierres, et que ces monticules, composés de terre et de petites pierres, renfermaient non plus des cadavres, mais les cendres
des morts déposées dans des vases d'argile souvent
accompagnés d'objets en bronze et quelquefois en
or. On concluait de ces dissemblances que les
instruments de bronze avaient été apportés par une
race qui avait envahi, absorbé et peut-être exter-
miné l'ancienne, race qui avait des mœurs toutes
différentes, des armes supérieures et une civilisation plus avancée que la première.

Ce fait admis, l'âge de bronze aurait été inauguré
dans l'Europe occidentale par un peuple conquérant
à une époque inconnue.

« Mais, dit M. Lubbock, de nouvelles recherches
« ont fourni aux antiquaires danois des exceptions
« à cette règle plutôt qu'elles ne leur ont permis de
« la généraliser, et il faut admettre que nous ne
« connaissons pas de différence *absolue* qui puisse
« faire reconnaître avec certitude qu'un tumulus
« appartient à l'âge de *pierre*, à l'âge de bronze ou
« même à l'âge de fer. »

Les poteries ne fournissent pas non plus beaucoup
de lumières pour guider dans cette reconnaissance.
Celles qui ont été trouvées avec des instruments de
bronze sont grossières, mal cuites, et par leur
forme, leur ornementation et les substances qui les
composent, ressemblent beaucoup aux poteries trou-

vées dans les tombeaux qui ne renferment que des objets en pierre. Dans ces divers tumulus on a vu rarement des vases munis d'anses ; les goulots paraissent avoir été inconnus ; l'ornementation consiste en lignes diverses, en points, en moulures carrelées.

La pierre, d'ailleurs, est encore d'un usage général pendant l'âge de bronze, et souvent on a trouvé des objets en pierre et des instruments en bronze dans les mêmes tumulus, fait qui pourrait d'ailleurs s'expliquer en admettant que plusieurs sépultures successives ont eu lieu dans le même tombeau.

La présence de cendres au lieu de corps inhumés dans la *position assise* paraît *assez* caractéristique de l'âge de bronze, et l'on n'a trouvé dans les tumulus renfermant des objets en métal que quelques exemples de l'inhumation *assise* qui caractérisait l'âge de pierre. Pourtant, on en a trouvé et même quelquefois dans la proportion de vingt pour cent. C'étaient peut-être, dit M. Lubbock, les derniers représentants des générations précédentes qui avaient tenu à leurs anciens usages.

On voit combien on éprouve d'incertitude pour le classement des monuments funéraires de l'âge de bronze et de l'âge de pierre, quand on cherche une limite nette et incontestable entre les deux périodes, limite qui permette de rapporter à l'une ou à l'autre époque les monuments funéraires semés en si grand nombre encore sur le sol français. En effet, quoique

la plupart des faits que je viens de signaler aient été
constatés en Danemarck et en Angleterre, le nombre
assez considérable d'explorations faites en France,
depuis quarante années, nous autorise à croire que
les choses s'y sont passées de même.

HABITATIONS LACUSTRES.

Nous allons maintenant dire un mot des cités
lacustres.

Il y a quelques années, on remarqua dans plusieurs lacs de la Suisse, au-dessous du niveau ordinaire des eaux, des pieux ou pilotis distribués par
groupes considérables ; le docteur Keller, de Zurich, membre étranger de la Société française d'archéologie, étudia avec soin ces vestiges qu'une
baisse considérable des eaux avait rendus visibles,
et il en conclut que les premiers habitants de la
Suisse établissaient parfois leurs maisons au-dessus
de l'eau, comme certaines peuplades de l'antiquité
et même comme certains peuples modernes. Cette
découverte fit sensation ; plusieurs observateurs, parmi
lesquels il faut citer M. Troyon, de Lausanne, se
mirent à l'œuvre avec un zèle dont on doit les féli-
citer, pour explorer le fond des lacs, dans l'emplacement des cités lacustres indiqué par la présence
des pilotis : leurs explorations furent récompensées ;
ils purent pêcher, au moyen de dragages, un grand

nombre de débris de poteries et d'autres ustensiles qui, comparés à ceux que produisent les tumulus, furent reconnus pour appartenir à une même civilisation.

Des cités lacustres ont été reconnues dans les lacs de Zurich, de Genève, de Neufchâtel, de Bienne, de Morat, et dans les lacs moins importants tels que ceux d'Inkwill, de Pffikon, de Moosseedorf, de Luissel, etc., etc. Si l'on en croit les archéologues, on aurait reconnu deux cents stations lacustres dans les différents lacs de la Suisse; on en compte jusqu'à *trente-deux* dans le lac de Constance, *quarante-six* dans celui de Neufchâtel. Il est vrai que toutes n'appartiennent pas à l'âge de bronze ou de pierre, et que plusieurs paraissent devoir être rapportées à l'âge de fer et à la période romaine, mais le plus grand nombre sont pourtant de l'âge de pierre et de l'âge de bronze.

Les musées de Lausanne, de Genève, de Neufchâtel et d'autres encore, montrent une suite très-complète de ces objets appelés *lacustres* à cause de leur conservation sous les eaux depuis des siècles : on en a vu une série très-curieuse à l'Exposition universelle de Paris. Ceux qui ont assisté à la 31e session du Congrès scientifique de France à Chambéry (1863) ont pu voir pêcher, dans le lac du Bourget, une quantité considérable de poteries par les plongeurs que M. le marquis de Costa avait fait venir de

Toulon, pour explorer une station lacustre bien connue dans ce lac. Le résultat de ces recherches a fait l'objet d'une publication accompagnée de belles planches.

Les habitants des cités lacustres trouvaient sans doute des ressources alimentaires dans la pêche, mais ils avaient dû surtout établir leurs habitations sur l'eau pour se mettre en sûreté contre les attaques des bêtes fauves ou contre les déprédations des peuplades voisines. Il était facile d'isoler complètement ces villages, en enlevant les ponts au moyen desquels ils communiquaient avec le rivage.

D'après le résultat de leurs dragages, les observateurs suisses ont rapporté une partie de leurs stations lacustres à l'âge de *pierre* et l'autre à l'âge de *bronze* ; quelques-unes seulement à l'âge de *fer*. M. Troyon, peut-être un peu prévenu par les idées de M. Worsaee, a cru, comme lui, que les populations qui connaissaient l'usage du bronze, qui incinéraient leurs morts au lieu de les inhumer, ont pu chasser les populations de l'âge de pierre. Il voit une révolution dans les mœurs à une époque donnée ; il croit, entre autres choses, que plusieurs stations lacustres furent alors construites et placées plus loin des rives, les instruments métalliques et l'habileté des nouveaux habitants ayant permis d'exécuter des travaux plus considérables et plus difficiles *avec de plus fortes pièces de bois*.

D'autre part, M. le docteur Keller, l'habile observateur de Zurich, croit que la population primitive ne différait ni par son caractère, ni par son genre de vie, ni par son industrie, de celle qui connut plus tard le bronze, et que le phénomène des villages lacustres, depuis leur commencement jusqu'à leur fin, *indique un développement graduel et pacifique*. Je suis disposé pour ma part à admettre sa manière de voir, beaucoup moins dramatique que celle de M. Troyon, et à penser que l'introduction du bronze a pu se produire sans provoquer un changement à vue dans les mœurs, et sans être la suite d'une invasion qui aurait renouvelé la population.

L'étude des ossements d'animaux récoltés par le dragage est venue compliquer celle des stations lacustres et des débris façonnés qui les accompagnent. M. le professeur Rutimeyer s'en est particulièrement occupé; il croit avoir retrouvé six espèces vivant alors à l'état domestique, savoir : le *chien*, le *cochon*, le *cheval*, la *chèvre*, le *mouton* et deux variétés de *bœufs*; il trouve que le cerf espèce sauvage et le bœuf espèce domestique sont celles qui ont laissé le plus de débris et qui, conséquemment, ont dû fournir le plus à la consommation. Vient ensuite le cochon. Le cheval, la chèvre et le mouton n'ont fourni que peu d'ossements. M. Rutimeyer a pu comparer les espèces des temps lacustres à celles de nos jours, indiquer en quoi elles devaient en différer. Cette indication nous mènerait trop loin. On trouvera dans l'ouvrage de S.-J. Lubbock une analyse exacte des travaux de ce savant anatomiste.

CAVERNES.

Pendant que M. Boucher de Perthes, d'Abbeville, annonçait depuis quelque temps déjà, sans réussir à vaincre l'incrédulité générale, que le *diluvium* renfermait des haches de silex 'grossièrement ébauchées, et pourtant taillées de main d'homme, M. Lartet, géologue distingué, étudiait les cavernes du midi de la France et y découvrait aussi des instruments de différentes formes, les uns en silex, les autres en os; le tout mêlé quelquefois à des débris d'animaux disparus de ces contrées, tels que le renne, qui ne se trouve plus que dans les régions les plus froides.

M. *Christi*, associé à M. *Lartet*, M. *Tournal*, de Narbonne; plus tard, M. le marquis *de Vibraye*, de l'Institut des provinces ; M. *Brun*, de Montauban ; M. le vicomte *de Lastic*, de Bruniquel ; M. *Mortillet*, de Grenoble ; M. *de Longuemar*, M. *Brouillet*, et plusieurs géologues du Poitou, pratiquèrent des fouilles, et les cavernes ainsi explorées ont produit une énorme quantité d'objets appartenant à l'industrie des races primitives. Ces objets, en silex et en os pour la plupart, paraissent

se rapporter à l'âge de pierre et remonter aux
époques les plus anciennes de l'humanité ; ils ont
été décrits, figurés, depuis trois à quatre ans dans
divers recueils et la Société française d'archéologie
a elle-même publié le beau travail de M. Brun,
de Montauban, sur les fouilles de la caverne de
Bruniquel. Je me dispense d'entrer, sur tous ces
objets, dans les détails qu'ils nécessiteraient si nous
voulions aujourd'hui faire autre chose qu'offrir un
aperçu sommaire et général.

Mais ce que nous ne pouvons omettre, c'est que,
toujours avec ces ustensiles de l'homme, on a
trouvé des restes d'animaux qui ne se rencontrent
plus dans le pays et qui appartiennent à la forma-
tion du terrain quaternaire, regardé jusqu'alors
comme antérieur à l'apparition de l'homme.

La découverte d'une mâchoire humaine dans les
graviers du Moulin-Quignon, près d'Abbeville, est
venue stratigraphiquement confirmer ces données.

Ici nous entrons dans le domaine de la géologie
et de la paléontologie : aussi une foule de géologues ont-ils examiné le fait, et le nom de *Quignon,*
grâce à sa mâchoire fossile, est devenu plus célèbre
que celui des mâchoires vivantes les plus renom-
mées du monde entier. On voit combien ces faits
nouvellement constatés sont intéressants ; ils im-
pliquent l'idée d'une vague et effrayante antiquité
pendant laquelle l'homme serait demeuré à l'état

presque sauvage : on comprend, du reste, qu'il ait pu en être ainsi quand on songe à l'état actuel des peuples de l'Afrique centrale, et à celui des naturels de l'Amérique quand elle fut découverte, à celui des naturels des îles de l'Océanie. L'homme qui vit isolé, sans communication avec d'autres peuples plus avancés que lui, peut demeurer des temps considérables au même degré de civilisation, et sur notre continent ancien, pendant que les Romains avaient poussé le luxe jusqu'à ses dernières limites, il y avait au nord là où, grâce aux chemins de fer, il ne faut plus aujourd'hui que quelques heures pour se rendre de l'ancienne capitale du monde romain; il y avait là des peuples à demi sauvages, qui n'avaient point participé au progrès du peuple-roi et qui devaient un jour se partager ses dépouilles.

Ainsi donc, selon les explorateurs modernes, on peut admettre que pendant long-temps vécut chez nous, sur le bord des rivières, une race de chasseurs et de pêcheurs, et que dans les forêts erraient le *mammouth*, le *rhinoceros tichorinus*, une espèce de *tigre*, le *bœuf musqué*, le *renne* et l'*urus*, animaux qui pouvaient supporter la basse température, dont un grand nombre d'observations attestent l'existence à cette époque dans nos contrées. On est autorisé à penser que cette race d'hommes vivait comme quelques Esquimaux vivent à présent,

et comme les Lapons vivaient il y a quelques centaines d'années.

Nous ne chercherons pas, comme l'ont fait plusieurs savants, notamment M. Morlot, de Lausanne,
que la science vient de perdre bien jeune encore,
combien de mille ans ont dû s'écouler depuis ces
dépôts de gravier qui nous ont conservé les vestiges
des races primitives. Tant de causes ont pu agir
à notre insu, que ces calculs sont toujours trop
douteux pour être présentés avec confiance ; il vaut
mieux attendre que la science soit plus avancée.
D'ailleurs, il faudrait aussi parler des explications
nombreuses qui ont été proposées pour expliquer
les changements de température survenus dans nos
contrées, changements dont il n'est plus permis de
douter d'après des observations rigoureuses, et il
nous faudrait pour cela bien plus de temps que nous
ne pouvons y consacrer. Disons seulement que la
flore fossile, si bien étudiée par M. le comte de
Saporta, de l'Institut des provinces, paraît prouver
que les modifications opérées dans la faune, par
suite des changements climatériques, ont eu leurs
équivalents dans le monde végétal ancien.

Les principaux monuments des temps préhistoriques sont, avec les tumulus dont nous avons déjà
parlé : ·

· Les peulvans ou pierres fichées en terre ;

Les monuments composés de semblables pierres,
tels que les alignements ;

Les cercles de pierres et les enceintes en terre.

Je ne parle pas des pierres branlantes, car ce sont
des phénomènes naturels que M. Ch. Des Moulins a
parfaitement expliqués.

PIERRES LEVÉES.

Les pierres levées que l'on connaît aussi sous les
noms de *Menhirs*, *Peulvans*, *Pierres fichées*, etc. (1),

PIERRES LEVÉES.

(1) Ces mots *menhir* et *peulvan* sont tirés de la langue celtique. D'après
les personnes qui ont étudié cette langue, *menhir* et *peulvan* ont à peu près la
même signification, ils se composent de *men*, pierre, et *hir*, long ; *peul*, pilier,
vaen ou *maen*, pierre ; c'est-à-dire, pierre allongée, pierre en forme de pilier.

sont des pierres brutes d'une forme allongée, im-
plantées verticalement dans la terre comme des
bornes. Leur hauteur varie depuis 4 pieds jusqu'à 20
et au-delà; quelquefois elles sont plantées de manière que l'extrémité la moins grosse est en bas et
la plus volumineuse en haut, et qu'elles sont portées
comme sur un piveau; quelquefois aussi c'est le contraire. Quelques pierres sont simplement posées sur
le sol, au lieu d'être plantées dans la terre; mais il
faut prendre garde de confondre ces pierres avec
certains blocs erratiques ou même certaines pierres
qui se trouvent en position verticale et qui peuvent
être naturellement placées de la sorte.

Alignements. — Les alignements sont formés de
pierres levées. Les pierres, alignées avec plus ou
moins de régularité et plus ou moins distantes les
unes des autres, ne forment quelquefois qu'une seule
file; mais souvent on en rencontre deux, trois,
quatre ou un plus grand nombre parallèles les
unes aux autres.' Ces espèces d'avenues se diri-
gent ordinairement de l'est à l'ouest ou du nord au
sud.

Les pierres étaient quelquefois remplacées par des
remparts ou fossés en terre; on a trouvé en Bretagne
et ailleurs, mais assez rarement, des levées de terre
parallèles dirigées de l'est à l'ouest et du nord au
sud, qui offraient quant à cette disposition de l'ana-

1*

logie avec les alignements de pierres et semblaient
en tenir lieu.

Les alignements de pierres les plus remarquables
et les plus vastes que l'on connaisse en France sont
ceux de Karnac et d'Ardeven, dans le département
du Morbihan, et ceux de Penmarch dans le Finistère.

« Les alignements de Karnac, dit M. de Fremin-
« ville, sont situés dans une vaste lande, à un quart
« de lieue du bourg de ce nom : ils consistent en plus
« de douze cents pierres brutes sur onze files paral-
« lèles, et s'étendent du sud-est au nord-ouest sur
« une longueur de sept cent soixante-trois toises et
« une largeur de quarante-sept toises. A la tête des
« files, c'est-à-dire vers l'extrémité nord-ouest,
« contre la métairie du *Menec*, est un demi-cercle
« formé de pierres semblables, qui part de la pre-
« mière file et va se terminer à la onzième.

« La majeure partie, ou si l'on veut, les trois
« quarts environ des pierres qui composent le bi-
« zarre assemblage des monuments de Karnac, sont
« de véritables *menhirs*, pierres plantées verticale-
« ment en terre, et dont les hauteurs varient autant
« que les formes. Les plus élevées ont 18 à 20 pieds
« de haut, beaucoup ont 10 ou 12 pieds, quelques-
« uns seulement 4 à 5. D'autres enfin sont de gros
« blocs simplement posés, mais dont la masse est
« si énorme que, d'après le cubage, on évalue leur
« poids à soixante-dix ou quatre-vingt milliers.

— Les alignements d'Ardeven sont disposés régulièrement sur neuf files parallèles, se dirigeant encore

ALIGNEMENTS DE PIERRES, A ARDEVEN.

du nord au sud dans un espace de près d'une demi-
lieue d'étendue. Ces rangées de pierres présentent
quelquefois des lacunes, parce qu'ici comme à Karnac
on en a détruit beaucoup.

Les alignements de Penmarch signalés par M. du
Chatellier, et décrits dans l'*Annuaire* de l'Institut
des provinces, offrent quatre rangs de pierres courant
du levant au couchant et formant trois allées dont
une (la centrale) mesure 12 mètres de largeur,
tandis que les autres n'en ont que 8 ou 9.

Cercles.—Une autre combinaison de pierres levées

a produit les cercles que l'on a désignés sous la dénomination de cromlecks (1). Nous en possédons encore quelques-uns en France.

VUE D'UN CERCLE DE PIERRES.

Entre Terrefort et Rion, près Saumur, dans l'Anjou, ou voyait autrefois un beau cromleck composé de treize pierres, dont douze disposées en cercle, et une, beaucoup plus élevée que les autres, placée au milieu. Ce monument était sur une éminence, dans un lieu éloigné de toute habitation et environné de bois. Il n'existe plus aujourd'hui; mais il est marqué sur la Carte de Cassini (n° 66), par un point entouré d'un cercle, figure qui représente la disposition des pierres.

Les cercles de pierres les plus considérables ont été signalés en Angleterre; l'un d'eux, le vaste cercle d'Avebury, en Wiltshire, est entièrement détruit; toutes les pierres qui le composaient ont été successivement brisées et employées dans la con-

_____

(1) Nom composé, dit-on, de deux mots bretons : *crom*, courbe, et *leck*, pierre.

RESTITUTION DU MONUMENT D'AVEBURY.

struction des maisons du bourg voisin. Mais il était
encore presque entier en 1713, époque à laquelle
on en a fait une description très-exacte; il se composait de six cent soixante pierres au moins, et
se trouvait au milieu d'une plaine, à partir de laquelle le terrain s'abaissait doucement de tous
côtés. Afin de mieux faire mieux saisir l'ensemble
et l'importance de ce monument, je présente la
restitution que M. Britton en a faite, et qu'il a
publiée dans son *Histoire du comté de Will* (page 29).

Le grand cercle extérieur a été formé de cent
pierres hautes de 15 à 16 pieds, et placées à 27
pieds les unes des autres; il avait à peu près 1,300
pieds de diamètre, et il était entouré d'un large
fossé, dont une levée de terre ou *vallum* garnissait
le bord extérieur.

Ce grand cercle en renfermait deux autres plus
petits, composés chacun de deux rangs concentriques de peulvans, dont l'un de trente pierres
présentait un diamètre de 466 pieds, et l'autre de
douze pierres, avait un diamètre de 186 pieds.

Le monument de Stone-Henge (1) est situé à
six milles de Salisbury, sur une éminence, dans
le voisinage de laquelle on rencontre plusieurs
tumulus; il est composé de quatre cercles concentriques, dont les deux plus grands sont circulaires

(1) *Stone-henge* est un mot saxon, il signifie pierres rangées.

et les deux autres un peu elliptiques. Lorsque

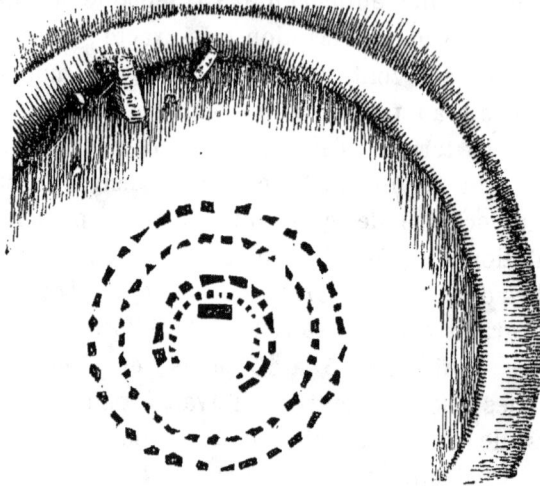

PLAN DE STONE-HENGE, PRÈS DE SALISBURY.

M. King le décrivit en 1799, ce monument était
déjà en ruine; mais on pouvait reconnaître les
places des pierres qui manquaient, et restaurer les
différents cercles d'une manière presque complète.

Le cercle extérieur avait à peu près 97 pieds de
diamètre; il se composait primitivement de trente
pierres levées, hautes de 10 à 12 pieds, placées à
1 mètre de distance les unes des autres; ces
trente pierres supportaient un pareil nombre d'im-
postes ou de pierres horizontales qui se joignaient
par leurs extrémités et formaient ainsi une sorte
de balustrade grossière.

Le deuxième cercle, à 9 pieds du précédent, était formé de vingt-neuf pierres levées sans imposte, qui étaient de moitié moins grandes que celles du cercle extérieur; il en restait encore dix-neuf debout il y a trente ans.

Le troisième cercle, à 13 pieds du précédent, offrait une ellipse dont le petit diamètre était de 52 pieds et le plus grand d'environ 55 ; il était formé par des trilithes d'une assez grande dimension, dont le plus considérable avait 22 pieds d'élévation.

Enfin le cercle central légèrement elliptique, comme le troisième, se composait de vingt peulvans hauts d'environ 6 pieds.

DISPOSITION DES RANGS DE PIERRES A STONE-HENGE.

A l'extrémité orientale de l'ovale enfermé dans ce dernier cercle, était une grande pierre mesurant 16 pieds de longueur et 4 de largeur, posée à plat sur le sol, et que l'on suppose avoir été un autel.

Les pierres levées qui composaient ces quatre cercles étaient généralement plus larges vers leur base que vers leur sommet ; elles avaient été plantées dans des cavités creusées au milieu d'une roche crayeuse, et l'on avait eu soin de les assujettir solidement dans ces espèces d'alvéoles, avec des silex brisés étroitement tassés.

Un fossé large de 30 pieds, placé entre deux levées de terre, formait une cinquième enceinte circulaire autour des pierres du cercle extérieur.

Le Danemarck, la Norwége et la Suède contiennent un certain nombre de cromlecks, le plus souvent circulaires ou elliptiques, renfermant ordinairement au centre une pierre qu'on a prise, à tort ou à raison, pour un autel.

On croit aussi que ces monuments n'ont pas toujours servi à des cérémonies religieuses. Dans l'enfance des peuples, les lieux consacrés au culte devaient servir en même temps de cours de justice, et l'on devait y tenir conseil sur les intérêts de la nation, y faire des élections, des inaugurations, etc.

Des rapprochements assez curieux viennent à l'appui de cette conjecture : Martin a remarqué dans les iles du Nord (1) quelques traces de la

---

(1) *Martin's Description of the Western isles.*

coutume de rendre la justice dans des enceintes
en pierres, et l'historien du comté de Cornouaille
rapporte, d'après Wormius, que dans le Nord les
nobles se sont réunis en cercle sur des pierres, pour
élire leurs princes, jusqu'au temps de la Bulle d'or
donnée par l'empereur Charles IV en 1356 (1). Le
cercle de pierres dans lequel Eric fut proclamé roi
de Suède existe encore près d'Upsal ; une large
pierre en occupe le centre, comme dans plusieurs
autres enceintes du même pays. Un grand nombre de
faits rapportés dans l'ouvrage de King prouvent que
les mêmes usages se sont perpétués pendant longtemps en Irlande et en Écosse.

Tels sont les principaux monuments de pierre des
temps préhistoriques ; on peut ajouter qu'ils sont
presque toujours l'objet de traditions fabuleuses. Ce
sont, dit-on, l'œuvre d'un être colossal appelé
Gargantua ; ils doivent recouvrir des trésors ; des
fées, des esprits, des revenants habitent près
d'eux.

ENCEINTES EN TERRE.

Nous avons simplement à citer les enceintes en
terre ; elles consistent en un *vallum* de terre,

---

(1) Borlase, p. 205. — Wormius, p. 88-90. – Martin, p. 241. — *King's
munimenta antiqua,* vol. I, p. 147.

quelquefois mêlée de cailloux, circonscrivant des étendues plus ou moins considérables et dont les formes sont très-variables. On pourrait attribuer ces espèces de clôtures à toute autre époque qu'à celle qui correspond aux temps préhistoriques, si des tumulus n'étaient souvent enclavés dans le *vallum* ou élevés auprès, ce qui est une présomption de leur contemporanéité. M. du Chatellier, correspondant de l'Institut, nous a montré un *vallum* de ce genre très-étendu à la pointe de Penmarch (Finistère), où se voient encore plusieurs tumulus très-caractérisés avec leurs chambres centrales.

Du reste, rien à dire des enceintes dont j'ai parlé plus amplement dans le Ier volume de mon *Cours d'antiquités*.

ARCHITECTURE DES TEMPS PRÉHISTORIQUES.

Nous avons bien peu de renseignements sur l'architecture gauloise antérieure à la conquête romaine.

Il est probable que les communications établies avec les Romains avaient eu, au moins dans le Midi, quelques résultats pour l'introduction des arts et que les villes gauloises ne furent pas toutes, comme quelques personnes l'ont avancé, de grands villages bâtis en torchis et en bois ; mais nous n'avons rien de certain à cet égard : tout porte à croire que, dans

le Nord et le Centre, le bois jouait un grand rôle
dans les constructions.

D'après Strabon, les maisons gauloises étaient
rondes, construites avec des poteaux et des claies.
On les garnissait intérieurement de cloisons en
terre ; le tout était recouvert d'une toiture composée de bardeaux en chêne et de paille hachée
mêlée d'argile (1).

Cette manière de bâtir n'existait pas seulement
chez les Gaulois, on la trouvait aussi en Bretagne (2),
chez les Germains (3), et même en Espagne et en
Portugal (4).

Les observations faites en France et en Angleterre ont ajouté quelque chose au peu de notions
que les historiens nous ont transmises ; elles ont
prouvé que souvent les maisons des Celtes étaient
de forme ovale plutôt que rondes et parfois rectangulaires ; qu'elles avaient aussi quelquefois des fon-
dements en pierres sèches, qu'enfin plusieurs d'entre
elles avaient été établies à un niveau plus bas que
le sol environnant, soit pour éviter l'intempérie du

(1) Strabon, liv. IV.

(2) Ædificia fere gallicis consimilia. — Cæs., *De bell. gall.*, lib. V,
cap. xii.

(3) Tacite, *De moribus Germanorum*, cap. xvi. —Hérodien, *Vita Maxi-
mini imperatoris*, lib. VII.

(4) Vitruve, liv. I, chap. i. Cet auteur nous apprend que, sous Auguste,
la ville de Marseille n'avait pas encore de maisons couvertes en tuiles.

climat, soit afin de ne donner aux murs qu'une élévation peu considérable.

Les maisons gauloises étaient en rapport avec la
simplicité des mœurs; on croit qu'elles n'avaient
qu'un seul étage; souvent elles n'offraient qu'une
ouverture servant à la fois de porte et de fenêtre.

Elles étaient toutes construites d'après un même
système, mais elles différaient de dimensions. Le
nombre et la grandeur des pièces devaient répondre
au rang et à l'opulence des possesseurs.

Les riches Gaulois avaient toujours près d'eux
un attirail qui devait nécessiter des logements assez
vastes. Ils plaçaient leurs habitations dans les bois (1),
près d'une rivière ou sur une éminence. Au milieu
des factions et des querelles intestines qui forçaient
souvent les Gaulois puissants à se tenir sur la
défensive, leurs maisons pouvaient devenir parfois
des forteresses. Peut-être même avaient-ils soin de
choisir des emplacements convenables pour la défense, et les bois et les rivières près desquels ils
cherchaient la fraîcheur, comme le dit César,
pouvaient leur rendre au besoin de plus importants
services.

---

(1) Telle était la maison dans laquelle se trouvait Ambiorix, chef des
Eburons, lorsqu'il fut assailli à l'improviste par la cavalerie romaine ; César
décrit cette habitation de la manière suivante : *Ædificio circumdato silva*,
ut sunt fere domicilia Gallorum. De Bell. Gall., lib IX, cap. xxx.

2

USTENSILES ET INSTRUMENTS DIVERS.

Nous avons déjà décrit une partie des ustensiles de l'âge de pierre et de l'âge de bronze, en parlant des objets trouvés dans les tombeaux (tumulus), les cavernes et les cités lacustres.

J'ajouterai quelques mots au sujet des instruments en bronze et des poteries.

A une époque que nous ne pouvons préciser, nos pères ont appris, comme nous l'avons dit, que l'étain combiné avec le cuivre produit un alliage plus dur et plus pesant que ces deux métaux séparés ; les analyses que le célèbre minéralogiste Clarke a répétées en Angleterre, et celles qui ont été faites en France, ont prouvé que sur cent parties la plupart des anciens bronzes en contiennent douze d'étain et quatre-vingt-huit de cuivre (1) ; mais que cette proportion n'est pas constante, et que la quantité d'étain ou de plomb combinée au cuivre varie parfois depuis quatre jusqu'à quinze pour cent.

(1) V. le XIXᵉ vol. de l'*Archæologia*. — Pline rapporte (liv. XXXIV, chap. VIII) que les Gaulois mêlaient un huitième d'étain avec leur cuivre pour en faire du bronze ; or, les douze parties d'étain dont l'analyse démontre la présence dans les instruments celtiques font le huitième de 96. Il n'y a donc qu'une très-légère différence entre la quantité relative de cuivre et d'étain reconnue par l'analyse et celle qui est indiquée par Pline. On pourrait même regarder cette différence comme nulle, car l'auteur romain a dû négliger les fractions pour choisir le terme de proportion le plus simple.

M. Clarke a reconnu que les anciens bronzes découverts en Grèce, en Égypte et dans quelques parties de l'Asie, contenaient la même quantité relative de cuivre et d'étain (88-12); et il paraît que telle est la proportion nécessaire pour obtenir le *maximum* de densité résultant de l'alliage de ces deux métaux (1).

Les haches en bronze, qui ont été trouvées en très-grand nombre partout et que l'on voit dans presque toutes les collections, offrent entre elles des différences assez marquées; elles ont été si souvent gravées qu'il est inutile de les reproduire de nouveau. Les types que voici (p. 40) sont les plus répandus. Ces haches sont munies d'un petit anneau sur les côtés; il y en a de plusieurs grandeurs; les facettes latérales ont la forme d'une feuille lan-

(1) « M. Hatchett a déterminé, dit M. Clarke, la même quantité rela-
« tive de cuivre et d'étain (88-12) dans des clous de bronze découverts à
« Mycène, dans un ancien tombeau; plusieurs têtes de lances trouvées
« dans le sud de la Russie et analysées par le docteur Wollaston ont offert
« la même composition. Moi-même, j'ai analysé un très-grand nombre de
« lampes en bronze de l'ancienne Égypte, ainsi que de petites statues de
« dieux lares, des armes et autres objets de la même contrée, qui m'ont
« donné le même résultat, aussi bien que des médailles et plusieurs bronzes
« venus de l'Inde ; j'ai lieu de croire que je trouverai les mêmes éléments
« et en proportions semblables, dans plusieurs idoles chinoises dont je n'ai
« pas encore pu faire l'analyse. C'est une chose bien remarquable que le
« rapport qui existe dans la composition des bronzes découverts dans des
« localités si éloignées. » (*Archæologia*, t. XIX.)

céolée très-allongée, sur laquelle on voit la trace de
la jonction des deux pièces du moule dans lequel
l'instrument a été coulé.

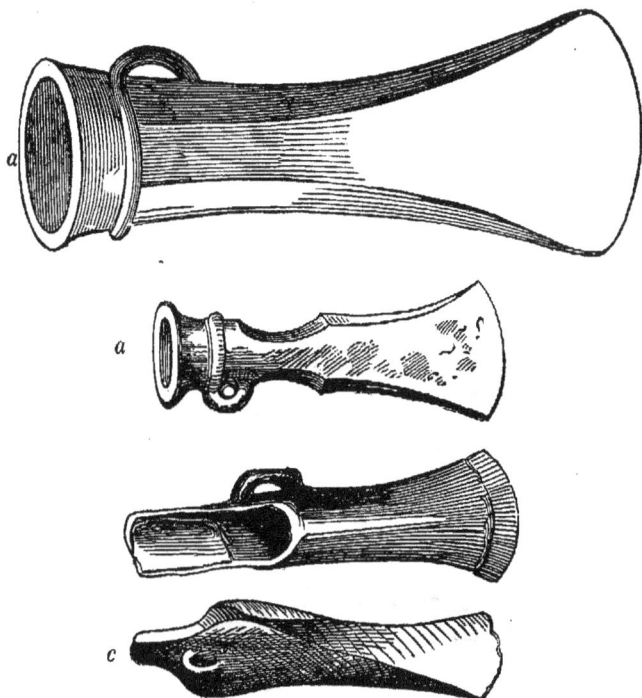

Ces haches devaient s'emmancher de deux ma-
nières : dans les unes, le manche s'engageait dans
une cavité centrale *a*, *a*; dans les autres, il devait
être fendu pour s'appliquer sur deux côtés où sa

place était ménagée *b* ; quelquefois les bords minces
et saillants qui garnissent la partie évidée sont re-
ployés sur elle, de manière à former une espèce de
coulisse *c* propre à retenir la partie engagée de ce
manche.

Moules à haches. — Comme je le disais, les haches
en bronze ont évidemment été coulées dans des
moules composés de deux pièces symétriques, à peu
près comme ceux dont on se sert encore aujourd'hui
pour couler les cuillères d'étain.

Il est possible que quelques-uns de ces moules

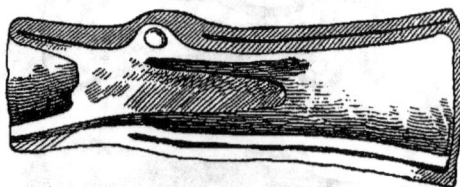

MOULE OUVERT.

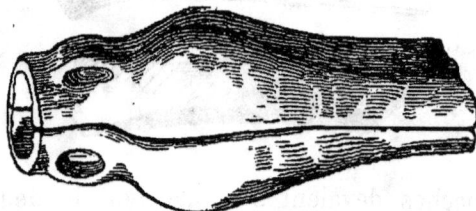

MOULE FERMÉ.

fussent en terre ou en pierre ; mais la plupart de

ceux que l'on conserve sont de bronze, comme les haches, et ils avaient été coulés comme elles.

Le premier moule à haches celtiques qui ait excité l'attention des savants fut découvert en Angleterre; il a été décrit par M. Lort dans le Ve volume de l'*Archéologie Britannique* publié en 1779 (1). On en a trouvé depuis dans plusieurs parties de la France, notamment en Normandie (V. mon *Cours d'antiquités*, t. Ier, p. 234). Ces moules se composent de deux pièces creuses qui peuvent se joindre et être ainsi maintenues, sans se déranger, au moyen d'une nervure saillante qui existe sur la tranche de l'une des pièces et s'engage dans une rainure pratiquée sur la tranche de l'autre pièce.

Épées de bronze.—Les épées de bronze se composent d'une lame et d'un manche. Elles sont droites, plates, renforcées vers le centre, et quelquefois renflées vers les deux tiers de la lame. Elles coupent des deux côtés et se terminent en pointe.

La lame n'a le plus souvent que 1 pouce 1/2 ou 2 pouces dans sa partie la plus large, et sa plus grande épaisseur n'est que de 1/4 de pouce.

Le manche porte quelquefois encore des clous de bronze qui avaient servi à fixer une garniture.

(1) V. ce volume, p. 106.

Ces épées ont été coulées, comme les haches, et

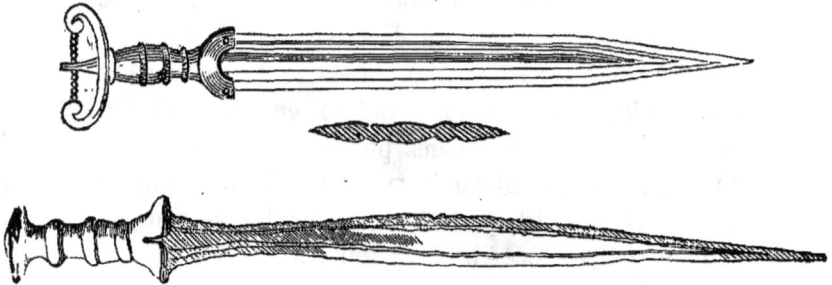

le métal qui les forme est absolument le même.

Poignards en bronze. — Ces instruments ressemblent aux épées, excepté que leur lame est beaucoup plus courte. La longueur de quelques poignards est de 10 à 14 pouces, et la largeur de la lame de 2 pouces ou 2 pouces 1/2 à sa base.

Têtes de lance. — Avec les armes précédentes on a rencontré parfois des têtes de lance et des objets que l'on regarde comme des espèces de viroles ou de ferrures pour la partie inférieure de la hampe.

Torques. — Plusieurs historiens nous attestent que les Gaulois portaient des colliers ou *torques*, ainsi que des bracelets et des anneaux passés au bras (1).

(1) Gestant enim aureos circum colla torques, et circa brachia ac manus cum brachio commissuram brachiolia. Strabon, liv. IV.

Le collier était connu également chez les Grecs, chez
les Romains (1) et chez plusieurs autres peuples; il
n'y a peut-être pas d'ornement qui ait été d'un usage
plus ancien ni plus général (2), et c'est ce qui
contribue à faire naître des incertitudes sur l'origine de ceux qu'on a rencontrés en France.

Il faut distinguer parmi les *torques*: d'abord ceux
qui se composent de plusieurs pièces mobiles et
qui offrent tantôt des chapelets de grosses perles
d'ambre, de jais, de verre de couleur, etc., comme
on en a trouvé dans quelques *tumulus*; tantôt des
chaînes, dont les anneaux sont en or ou en bronze;

Secondement les *torques* composés d'une seule
pièce de métal (or, bronze, etc.) recourbée de
manière à former un cercle d'un diamètre plus ou
moins considérable, quelquefois ornés de ciselures.
Dans beaucoup de *torques*, les deux extrémités de
la pièce métallique ne sont pas soudées, mais cro-
chetées ou simplement rapprochées (V. la page suivante); la flexibilité du métal permettait de les
écarter et d'ouvrir l'anneau; d'autres *torques* n'offrent point ce caractère (3) (V. la page 46).

---

(1) Tite-Live, liv. **xxxvi.**

(2) La Genèse rapporte que ce fut un des signes de distinction donnés à
Joseph par le roi Pharaon.

(3) Dans une Dissertation sur les colliers des anciens, qui fait partie du
XII⁰ volume de l'intéressante collection de Grevius, et qui est intitulée:
De Antiquorum torquibus, Schœffer établit une distinction entre les deux

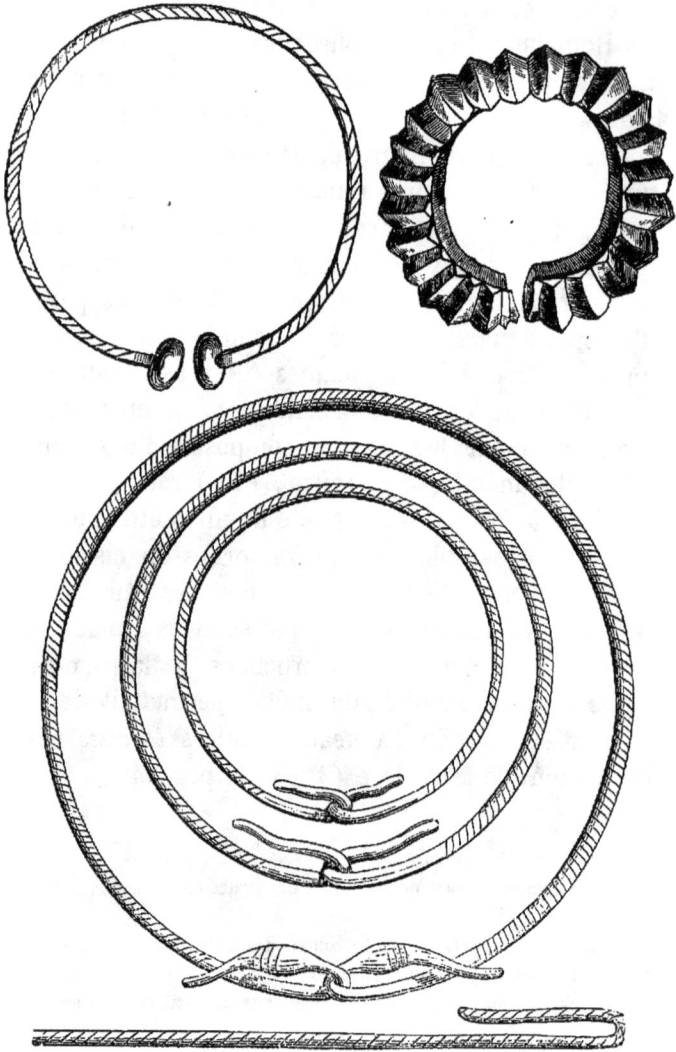

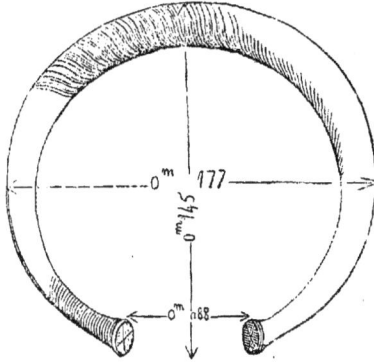

UN DES ANNEAUX EN OR TROUVÉS EN BRETAGNE IL Y A 30 ANS.

On a vu à l'Exposition universelle de 1867 une collection extrêmement riche et complète de *torques* de différentes formes. M. Barry, de Toulouse, en avait à lui seul envoyé des quantités énormes. On remarquait encore ceux de M. Duquenelle, de Reims, de M. Jules Gréau, de Troyes, membres de la Société française d'archéologie, et de bien d'autres collectionneurs.

On connaît aussi des plaques d'or assez minces taillées en forme de croissant, mais dont les crochets

genres de colliers que je viens de mentionner. Il désigne sous le nom de *cercles* (circuli) les colliers d'une seule pièce. *Circuli rotundi quidem, sed duri fuere, crassioresque, ex una massa, figura orbiculari*, etc.... *Cum torques essent mobiles et ex annulis, circuli solidi ac rotundi vel simpliciter vel cum flexuris striisque.* La distinction de Schœffer est très-juste, mais on est dans l'usage d'appeler indistinctement *torques* tous les colliers des anciens et même les bracelets.

étaient recourbés, de manière à former un cercle
presque entier. On remarquait, près des bords et aux
extrémités de ces pièces, des festons et quelques
autres moulures.

Le peu d'espace qui existait entre les deux pointes
du croissant ne permet pas de croire que cet ornement eût pu être passé au cou ; probablement il
tombait sur la poitrine, suspendu au moyen d'une
chaîne.

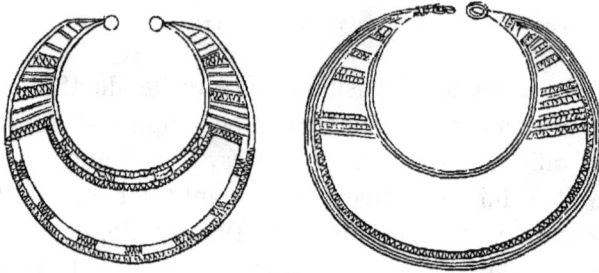

Certains ornements que l'on a trouvés quelquefois en France, et plus fréquemment encore en
Irlande dans des tombeaux ou auprès des dolmens,
consistent dans une tige d'or recourbée et terminée

aux deux extrémités par un évasement ou disque
tantôt plat, tantôt légèrement concave. On ignore

absolument à quel usage ils pouvaient être destinés.

Enfin, l'objet que voici, espèce de collier formé d'une feuille d'or assez mince, a été trouvé dans le département des Deux-Sèvres; on en possède de semblables en Bretagne.

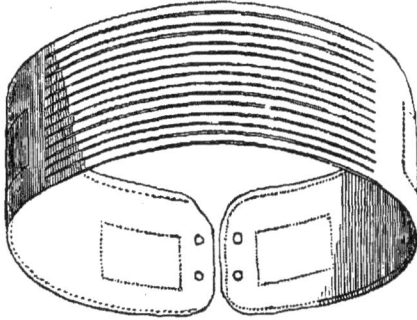

COLLIER D'OR TROUVÉ DANS LES DEUX-SÈVRES.

Les monnaies dites *celtiques* sont probablement en partie contemporaines des ornements dont nous venons de parler ; mais cette étude n'entre pas dans le cadre que nous nous sommes tracé. Les ouvrages de M. Lambert, ceux de MM. de Saulcy et de La Saussaye ont traité *ex professo* l'histoire de la numismatique gauloise.

POTERIES.

Il est d'autant plus difficile de distinguer les poteries gauloises qu'excepté dans les *tumulus* elles se

trouvent souvent mélangées avec des poteries gallo-
romaines, les mêmes lieux ayant été habités avant
et après la conquête de César.

La poterie découverte dans le *tumulus* de Fon-
tenay-le-Marmion (Calvados) est formée d'une terre
noire, mal préparée et remplie de petits cailloux,
qui a produit une pâte courte et sans liaison. Tous
les morceaux que j'ai examinés sont fragiles et très-
peu cuits; leur cassure n'est jamais nette, mais toujours celluleuse. Les surfaces interne et externe ont
une couleur approchant de celle de la rouille, et qui
est due au commencement de cuisson qu'ils ont
subi ; à l'intérieur, la terre est demeurée d'un
noir intense. Soumise à l'action du feu, la poterie
dont je parle prend extérieurement une couleur rouge
brique; l'intérieur reste noir, elle devient plus fra-
gile après cette opération qu'auparavant.

Les vases découverts à
Fontenay ne paraissent pas
avoir été faits à l'aide du
tour, ils ne portent aucune
moulure ; ils ont seulement
été frottés à l'extérieur avec
un outil qui les a polis ir-
régulièrement, de manière
qu'ils offrent des facettes plus ou moins lisses. La
forme de ces vases est indiquée par le dessin ci-joint.

Les poteries celtiques découvertes ailleurs et dans

les cités lacustres offrent des caractères tout-à-fait
ressemblants à ceux que je viens d'indiquer. La pâte

VASES TROUVÉS DANS DES TUMULUS EN ANGLETERRE, EN HOLLANDE ET AILLEURS.

n'est pas solidement liée ; elle est pleine de parcelles
de silex ; la couleur en est noire et brun foncé. Cette

pâte a peu de consistance : lorsqu'elle est sèche, on la casse avec la plus grande facilité, et on peut la broyer sous les doigts ; si on l'humecte, elle représente assez bien des morceaux de vieille écorce qui auraient été longtemps exposés à la pluie. Quant aux formes, elles annoncent l'enfance de l'art : excepté quelques fragments où l'on reconnaît l'usage du tour, les autres ont appartenu à des vases qui paraissent avoir été moulés sur une forme intérieure et polis avec la main, ou taillés à l'aide de quelque instrument. Sur plusieurs fragments on reconnaît, à la surface extérieure, des coups d'une espèce de doloire. Les ornements consistent dans des filets mal conduits et dans de petites hoches sur le bord de l'orifice.

Observations. — Parmi les objets d'art que nous venons d'énumérer, nous ne voyons que des instruments dont la matière a pu résister aux atteintes du temps ; les meubles en bois qui devaient garnir les maisons gauloises n'ont pu parvenir jusqu'à nous (1). Les lacs nous conservent, il est vrai, beaucoup d'objets et même des débris de tissus qui sont venus tout récemment nous éclairer sur quelques faits ;

(1) Les Gaulois travaillaient le bois avec une certaine habileté ; ils avaient des chars de plusieurs espèces ; quelques médailles celtiques offrent la représentation de siéges munis de dossiers et montés sur quatre pieds ; on sait aussi que les corbeilles d'osier fabriquées en Gaule excitèrent l'admiration des Romains.

mais tout cela est loin encore de pouvoir nous donner la mesure de l'industrie dans la Gaule, avant l'occupation romaine, et l'opinion que l'on essaierait de s'en former ne saurait être basée que sur des inductions fort incomplètes.

Je termine ce rapide aperçu, en présentant le tableau synoptique des antiquités qui ont fait l'objet de ce premier chapitre.

TABLEAU SYNOPTIQUE DES ANTIQUITÉS PRÉHISTORIQUES.

NOMS SPÉCIFIQUES.	CARACTÈRES.
TUMULUS { coniques / ovales	Monticules artificiels de forme et de dimensions différentes, composés de pierres et de terres avec dolmens au centre.
PIERRES { levées	D'une forme allongée. Implantées verticalement dans la terre comme des bornes.
PIERRES { posées	D'une forme indéterminée. Simplement posées sur le sol sans être engagées dans la terre.
TRILITHES	Deux pierres verticales supportant une troisième pierre horizontale . . . . .
DOLMENS { simples	Une table reposant sur des pierres posées de champ, au nombre de 3, 4 ou 5.
DOLMENS { compliqués	Grande table de plusieurs morceaux, dont les supports sont au nombre de 6 au moins.
	Nota. Les plus considérables de ces dolmens sont allongés et ouverts à l'une de leurs extrémités; ils sont souvent désignés sous la dénomination d'allées couvertes.
ALIGNEMENTS { simples.	Un ou deux rangs de pierres alignées.
ALIGNEMENTS { compliqués	Quatre, cinq, et quelquefois jusqu'à onze ou douze rangs de pierres formant des avenues parallèles.
PIERRES GROUPÉES	Réunion confuse plus ou moins considérable de pierres
CERCLES DE PIERRES { simples	Composés d'un seul rang de pierres plantées ou posées.
CERCLES DE PIERRES { composés	Formés de plusieurs rangs de pierres.
ENCEINTES EN TERRE ET EN PIERRE.	De formes diverses.

NOMS SPÉCIFIQUES.	CARACTÈRES.
LIEUX D'HABITATION. TRACES DE MAISONS. . . .	Emplacements de cabanes rondes, ovales, quelquefois rectangulaires, annoncés par quelques fondations en pierre brute sans ciment, ou par une simple dépression du sol.
SOUTERRAINS	Galeries et chambres taillées dans le roc. Excavations diverses.
INSTRUMENTS DIVERS. — EN PIERRE. POIGNARDS ET COUTEAUX.	Un morceau de silex taillé de manière à présenter une lame pointue à deux tranchants et munie d'un manche. Lame de silex sans manche.
POINTES { de flèches . .	Petits dards, dont la longueur varie depuis un demi-pouce jusqu'à deux.
{ de javelots. .	Dards à peu près semblables aux précédents, mais plus allongés.
MARTEAUX.	Pièce tantôt arrondie des deux côtés, tantôt d'un côté seulement.
PIERRES DE FRONDE. . .	Rondes ou ovoïdes, de 2 à 3 pouces de diamètre.
HACHES.	Convexes vers le centre, taillées en vive-arête sur les bords, terminées d'un côté par une pointe mousse, de l'autre par un tranchant dont le fil décrit une portion d'ellipse.
EN BRONZE. HACHES.	Formes variées qui se rapprochent plus ou moins de celles d'une hache ou d'un coin.
MOULES A HACHES. . .	Deux pièces symétriques présentant, après leur réunion, la forme d'une hache en creux.
ÉPÉES	Lames droites, aplaties, à deux tranchants et terminées en pointe.
POIGNARDS.	A peu près semblables aux épées pour la forme, mais beaucoup plus courts.
TÊTES DE JAVELOTS. . .	De forme lancéolée avec un renflement vers le centre.
TORQUES { composés de pièces mobiles.	Chaînes métalliques. — Perles de pierre de couleur, d'ambre, etc., formant chapelet.
{ d'une seule pièce. . .	Anneaux métalliques plus ou moins larges, souvent ornés de ciselures. — Plaques en forme de croissant.
ORNEMENTS DIVERS.	En bronze et en or, ornés de ciselures.
POTERIES	Fragiles, mal cuites, composées d'une terre noire mal préparée et remplie de petits cailloux.
MONNAIES	En or, en argent et en bronze.

CHAPITRE II.

ÈRE GALLO-ROMAINE.

Un des grands horizons de notre histoire nous est fourni par la conquête de César. Grâce aux *Commentaires* de ce général, on peut se faire une idée de l'état de la Gaule à l'époque de la conquête ; on voit les faits considérables qu'il a pu accomplir ; on peut mesurer les conséquences qu'ils eurent sur la civilisation.

César trouva la Gaule partagée en trois nations principales : les *Belges*, les *Celtes* et les *Aquitains*.

Auguste, qui voulut organiser un gouvernement régulier chez les peuples conquis, forma trois nouvelles provinces de ces trois pays. Mais, comme l'Aquitaine comprise entre les Pyrénées et la Garonne n'était pas en proportion avec les deux autres, elle reçut 14 peuples |détachés de la Celtique et s'étendit jusqu'à la Loire.

La Celtique perdit encore, vers le nord, les Séquanais et les Helvétiens, qui furent incorporés dans la Belgique, et son nom fut changé en celui de *Lyonnaise*.

Ainsi modifiées par les circonscriptions établies sous Auguste, les provinces de la Gaule étaient :

1° La *Belgique*, qui s'étendait depuis le Rhin jusqu'à la Seine et la Marne ;

2° La *Lyonnaise*, placée entre la Loire et le Rhône au midi ; l'Océan, la Seine et la Marne au nord, et qui correspondait en partie à la Celtique ;

3° L'*Aquitaine*, qui s'étendait depuis les Pyrénées jusqu'à la Loire ;

4° Enfin la *Narbonnaise*, ou province proprement dite, qui comprenait les contrées appelées, depuis, *Savoie*, *Dauphiné*, *Languedoc*, *Roussillon* et *Provence* ; ce dernier pays tire évidemment son nom de l'ancienne dénomination romaine.

Mais ces quatre grandes provinces furent par la suite subdivisées en beaucoup d'autres ; on en comptait dix-sept sous Honorius, vers la fin du IVe siècle.

La Belgique formait alors quatre provinces : deux *Belgiques* et deux *Germanies*.

La *Lyonnaise* était divisée en 1re, 2e, 3e et 4e.

Le territoire des Séquanais, qui avait été attaché à la Belgique par Auguste, était devenu une province séparée.

On distinguait la 1re, la 2e *Aquitaine*, et la *Novempopulanie*.

Enfin, l'ancienne province était divisée en cinq parties : la *Viennoise*, les 1re et 2e *Narbonnaises*, les *Alpes maritimes* et les *Alpes grecques*.

Les divisions précédentes ont été successivement établies sous différents empereurs.

Je ne ferai que citer les principaux auteurs qui ont écrit sur la géographie de la Gaule, ce sont :

Strabon, qui vivait sous Auguste ;

Pline, sous Vespasien et Titus ;

Ptolémée d'Alexandrie, qui florissait dans la première moitié du IIe siècle de l'ère chrétienne, sous les empereurs Trajan, Adrien et Antonin.

Les renseignements qu'ils donnent sont très-incomplets.

Trois documents nous fournissent plus de renseignements que tous les autres, ce sont : l'Itinéraire d'Antonin, la Carte de Peutinger et la Notice des dignités de l'Empire.

L'*Itinéraire d'Antonin* peut se comparer à un livre de poste ; il se compose d'une suite de tableaux indiquant les noms des villes et des stations par lesquelles il fallait passer, pour aller de certains points principaux à d'autres points plus ou moins éloignés dans les diverses provinces de l'Empire.

L'Itinéraire de mer indique les ports et les lieux maritimes dont la connaissance était utile au navigateur.

La *Carte de Peutinger* est ainsi appelée parce que la seule copie qui soit parvenue jusqu'à nous devint la propriété du savant allemand de ce nom qui essaya d'en faire graver quelques parties ; elle ne fut toutefois publiée en entier que quarante années après sa mort, en 1598.

On a gravé plus tard, en 1753, un fac-simile dont les planches ont été achetées par l'Académie de Munich. De nouveaux tirages, récemment faits, ont multiplié les exemplaires de cette Carte : on peut aujourd'hui se les procurer facilement.

La copie ainsi publiée et multipliée date du XIII° siècle, mais elle reproduit évidemment la carte romaine.

Il n'est pas facile de comprendre la Carte de Peutinger avant d'en avoir la clef et de l'avoir étudiée quelque temps. Je ne peux que renvoyer, pour cette étude, aux détails que j'ai donnés dans mon *Cours d'antiquités monumentales*, t. II, et dans l'*Abécédaire d'archéologie* (ère gallo-romaine).

La Carte de Peutinger est d'une importance immense pour la géographie ancienne, en ce qu'elle indique par des chiffres le nombre de milles compris entre les localités ; elle se compose de onze morceaux ; mais la partie occidentale était sur une douzième feuille qui manque et qui devait comprendre l'extrémité de l'Espagne et de la Grande-Bretagne.

La *Notice des dignités de l'Empire* est une sorte d'almanach impérial indiquant quelles étaient les hautes fonctions de l'État, tant dans l'ordre civil que dans l'ordre militaire ; quelle était la résidence des fonctionnaires, quelles étaient leurs attributions, etc. On y voit l'énumération des corps de troupe qui tenaient garnison en Gaule, des fabriques im-

périales, des arsenaux, des hôtels de monnaies, etc.,
etc. Les lumières que l'on peut tirer de la Notice sont
immenses pour fixer les idées sur la nature du gouvernement romain, ses forces, ses ressorts, etc., etc.

VOIES DE COMMUNICATION.

Ce peu de mots sur la géographie de la Gaule nous
conduit à parler des voies publiques ou grandes routes:
c'est par elles que nous commencerons notre revue
des monuments de la grande époque romaine.

Les villes et les stations étaient toutes acces-
sibles au moyen de routes solides ou de chaus-
sées. C'est donc principalement dans les intervalles
qui séparent ces établissements les uns des autres,
qu'il faut chercher les traces des voies romaines.
Elles suivaient ordinairement des lignes droites,
excepté lorsque des obstacles naturels, tels que des
montagnes, des ravins profonds, des marais, etc.,
s'opposaient à cette direction; elles se prolongeaient,
autant que possible, sur les plateaux, afin d'éviter
les terrains marécageux.

Outre les routes principales qui communiquaient
d'une ville à une autre, il y avait des routes vicinales, *viæ vicinales*, qui accédaient aux villages
et qui établissaient des communications entre les
bourgades et les villes. Elles n'étaient pas alignées
comme les premières, ni faites avec le même soin.

Dans les routes les plus soignées, la première couche, ou la plus profonde, se composait de pierres posées sur le plat, quelquefois cimentées avec du mortier, mais plus souvent rangées simplement les unes sur les autres : c'était le *statumen*. Dans quelques voies, les pierres du *statumen* étaient posées de champ et inclinées comme celles que nous verrons tout à l'heure dans les murs construits en arête de poisson (V. p. 67).

Le second lit, nommé *ruderatio*, était formé de pierres concassées, d'une dimension bien moins considérable que les précédentes.

La troisième couche, *nucleus*, se composait quelquefois de chaux remplie de tuileaux pulvérisés, plus souvent de sable mélangé avec de la terre glaise.

Des cailloux non taillés, étroitement tassés les uns sur les autres, ou simplement un lit de gros sable, *glarea*, formaient la quatrième et la dernière couche, appelée *summa crusta*.

Exceptionnellement dans les villes, les bourgades ou dans des pays marécageux, on formait la *summa crusta* d'un pavé de pierres cubiques ou polygonales irrégulières.

La nature des terrains que parcourent les routes a nécessairement influé sur le mode qu'on a suivi dans leur confection, car on a dû prendre moins de précautions dans les lieux où le sol était solide que dans ceux où il offrait peu de consistance.

En général, on a mis en œuvre les matériaux qui se trouvaient sur les lieux ou à peu de distance, et l'on en a fait venir de plus loin seulement lorsque ces matériaux étaient de mauvaise qualité.

Dans beaucoup d'endroits, les voies antiques ont été élevées au-dessus du sol, et un *agger* a servi de base au pavé de la chaussée. Ces *chemins haussés* conservent encore leur niveau élevé dans des espaces fort étendus, et sont faciles à reconnaître.

Quelquefois aussi nos voies antiques sont creusées comme le lit d'une rivière. Cette excavation peut, dans beaucoup d'endroits, être le résultat d'un usage prolongé; mais dans d'autres, elle a évidemment été pratiquée pour adoucir des pentes trop rapides.

La largeur ordinaire des voies romaines était de 15 à 20 pieds. Les bords des parties exhaussées ne se sont pas soutenus partout: il s'est fait des éboulements, de sorte qu'elles ne présentent plus assez de largeur pour qu'un chariot puisse y passer, et que dans beaucoup d'endroits les chemins haussés ressemblent plutôt à une masse de fossé qu'à une voie. Ces rétrécissements viennent sans doute de la détérioration que le temps a fait subir aux matériaux; mais il faut surtout les attribuer aux empiètements des riverains (1).

---

(1) On a enlevé, pour les employer à divers usages, les grosses pierres nommées *lisières* (margines), qui garnissaient les bords de beaucoup de voies romaines : ce qui a singulièrement hâté leur détérioration.

Les routes romaines traversaient les rivières au moyen de ponts et de gués pavés. Dans un très-grand nombre de localités, on a trouvé les fondations de ces ponts, ou ces routes pavées sous l'eau, précisément en face des anciennes voies. Dans certains cas, ce pavé était établi avec des pièces de bois (1).

Colonnes itinéraires. — Les chemins romains étaient divisés au moyen de bornes régulièrement espacées, qui portaient des inscriptions indiquant le nombre de lieues ou de milles compris entre la ville voisine et le lieu où elles étaient posées (2).

Les villes capitales servaient de point central pour compter les distances dans l'étendue de leur territoire ; ainsi on comptait à partir de Bayeux , à partir de Sens, à partir de Lyon, d'Autun, de Poitiers, de Bordeaux , etc., etc.

Les bornes milliaires avaient ordinairement 5 à 6 pieds de hauteur. Elles étaient cylindriques ; on les appelait milliaires, *milliaria,* ou simplement *lapides,* les pierres. De là les expressions si fréquentes chez les auteurs : *ad primum, secundum, tertium lapidem,* à la première, à la seconde, à [la troisième pierre ,

(1) Le gué de St-Léonard, près de Mayenne, est un exemple très-remarquable de ce mode de franchir les fleuves. On y a trouvé plus de 20,000 médailles, jetées sans doute comme *ex-voto* pour conjurer le danger du passage (V. mon Rapport dans le *Bulletin monumental,* t. XXXI).

(2) On plaçait aussi sur les routes des pierres qui servaient aux piétons pour se reposer, et aux cavaliers pour monter à cheval.

2*

ou seulement *ad primum, secundum, tertium* , etc.,
sous-entendu *lapidem* ou *milliarium.*

L'usage des colonnes milliaires remonte à l'an 183
avant l'ère chrétienne. Il fut consacré par une loi
que proposa C. S. Gracchus, et dans la suite , il
s'étendit de l'Italie aux provinces des l'Empire.

COLONNE MILLIAIRE DANS LE DÉPARTEMENT DE L'ALLIER.

Les inscriptions placées sur les colonnes furent

d'abord fort courtes, indiquant seulement le nombre de milles compris d'un lieu à un autre. Auguste fit graver, le premier, ses noms et qualités sur les colonnes élevées par ses ordres, et ses successeurs suivirent son exemple.

Pyramides. — Les voies romaines n'étaient pas seulement garnies de colonnes itinéraires : on trouvait encore sur leurs bords des tours pleines, quelquefois rondes et plus souvent carrées. MM. de Crazannes et Du Mège ont signalé l'existence de semblables tours le long de plusieurs voies du Midi, et il en existe encore sur quelques autres routes romaines de la France.

Plusieurs de ces pyramides ont été regardées comme des tombeaux ; mais la plupart paraissent avoir été élevées pour l'ornement des chemins, ou peut-être elles étaient consacrées à Mercure, dieu protecteur des routes, des arts et du commerce. Quelquefois on pratiquait dans ces obélisques une niche destinée à recevoir la statue du dieu, comme on le voit dans les monuments semblables du pays des *Convenæ* (le Comminges), décrits par M. Du Mège.

La tour de Pirelonge, située à 3 lieues au sud-ouest de Saintes, est massive, construite en moellon, et haute de 74 pieds ; sa base, carrée, a 18 pieds sur chaque face, et son couronnement offre la forme d'un cône. Il est composé de sept assises de grosses

pierres de taille, dont la surface est couverte de rainures
figurant de grandes feuilles imbriquées (1).

Mansions.—On trouvait sur les
routes des mansions où l'on
entretenait des chevaux pour le
service ordinaire des courriers,
et pour ceux qui voyageaient avec
une autorisation spéciale de l'empereur. Les mansions étaient ad-
ministrées par des *mancipes* que
l'on pourrait comparer à nos
maîtres de postes. Les simples
relais, placés à des intervalles
plus rapprochés que les mansions, s'appelaient des *muta-
tions.*

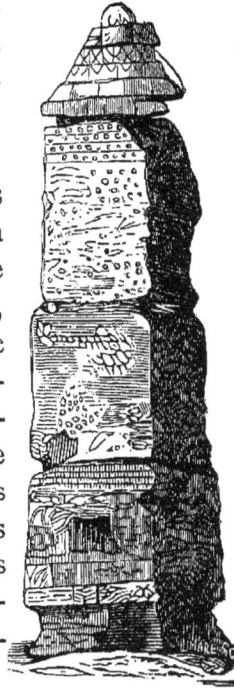

Enfin, l'on appelait *diversoria* les maisons situées
le long des routes, soit qu'elles appartinssent à des
propriétaires qui y donnaient l'hospitalité à leurs
amis, soit qu'elles fussent, comme nos hôtelleries,
destinées à recevoir les voyageurs.

Les principales routes romaines étaient nommées

(1) Les pierres de taille qui formaient la cape ou le toit de cette tour
étaient liées par un tenon et une mortaise.

publiques ou *militaires*, *consulaires* ou *prétoriennes*, et les chemins moins fréquentés se distinguaient en *privés*, *agraires* ou *vicinaux*.

Les anciennes voies qui existent en France sont aujourd'hui dans un tel état de dégradation, qu'elles ne peuvent le plus souvent être reconnues que par des yeux exercés ; dans beaucoup d'endroits, elles sont presque totalement effacées, et la charrue en a fait disparaître les traces dans des espaces considérables ; quelquefois aussi la chaussée se trouve recouverte et cachée par la terre végétale.

Dans quelques contrées, cependant, les voies antiques forment encore des lignes prolongées fort remarquables, et leur belle conservation est un juste sujet d'étonnement.

ARCHITECTURE.

Les Romains ont formé leur architecture en imitant celle des Étrusques et des Grecs, mais ils ont toujours beaucoup moins tenu à la pureté de la forme qu'à la grandeur ; moins à la beauté irréprochable qu'à l'effet imposant et à l'utilité : aussi, comme le faisait remarquer au sein du Congrès archéologique de France M. Choisy, ingénieur des ponts-et-chaussées, ils ont toujours cherché un système qui leur permît d'employer aux constructions publiques leurs armées, leurs esclaves, dirigés seulement par un petit nombre d'architectes ou d'ingénieurs. Ils comprenaient qu'un puissant moyen de domination était de doter le pays vaincu de monuments qui n'existaient pas , d'importer partout la civilisation , en apportant à leurs subordonnés des avantages , des institutions et des établissements dont ils avaient été jusque-là privés.

Au lieu donc d'employer, comme les Grecs, des matériaux d'une dimension considérable et conséquemment difficiles à ajuster, ils préférèrent, sauf quelques cas exceptionnels , mettre en œuvre des matériaux de petite dimension , des moellons , des briques réunis par d'abondants mortiers.

Un grand fait architectonique , l'adoption de la voûte cintrée à claveaux, leur permit de s'écarter du système grec dans lequel dominaient les plates-bandes et les supports verticaux. Avec la voûte et les arcades cintrées, dont les Romains ont su tirer un si grand parti, ils purent élever des constructions énormes que le génie des Grecs n'avait jamais conçues.

Je n'ai pas à étudier la philosophie de l'art , mais seulement à indiquer comment l'architecture romaine, qui est devenue la nôtre , s'est développée ; comment les Romains purent semer en tous lieux les monuments dont nous allons en quelques mots tracer les caractères.

Petit appareil. — Les murs de petit appareil, appareil qui a été le plus habituellement employé, ont

leurs parements formés de pierres symétriques à peu
près carrées, dont chaque face n'a le plus souvent
que 3 à 4 pouces, plus rarement 5 à 6 pouces. Le
centre du mur offre un massif en moellons irré-
guliers ou blocage à bain de ciment.

Le plus souvent on remarque, dans les constructions
en petit appareil, des zones horizontales et continues
de grandes briques, évidemment destinées à maintenir de niveau les petites pierres du revêtement. Ces
zones se composent ordinairement de deux ou trois et
parfois de cinq, six ou sept rangs de briques, séparées

PETIT APPAREIL ET APPAREIL EN ARÊTE DE POISSON DANS LES MURS DU
MONUMENT ROMAIN DE THÉSÉE (Tessiaca) *Loir-et-Cher.*

les unes des autres par des couches de ciment, dont
l'épaisseur est à peu près égale à celle des briques.

Les Romains ont aussi disposé souvent les pierres

en feuilles de fougère ou en arête de poisson, comme le montre la figure précédente.

Le mortier est toujours très-épais entre les pierres de l'appareil, dont aucunes ne sont en contact immédiat, mais en quelque sorte incrustées dans le ciment.

Les dimensions des briques d'appareil sont trop variables pour que je puisse les indiquer d'une manière absolue : le plus souvent je leur ai trouvé 14 à 15 pouces de longueur sur 8 à 10 pouces de largeur ; mais il y en a de plus grandes, et j'en ai souvent remarqué de plus petites.

Appareil réticulé. — Les architectes romains employaient aussi l'*œuvre réticulé* ou maçonnerie maillée, qui différait du petit appareil ordinaire en ce que les pièces du revêtement, taillées avec soin

et de grandeurs égales, étaient placées de manière que les jointures décrivaient des lignes diagonales et simulaient ainsi les mailles d'un filet. Ce genre de revêtement s'employait en général comme ornement : on ne le trouve guère seul ; il est presque toujours associé avec le petit appareil ordinaire, au milieu duquel il forme des intercalations.

Les murs de grand appareil se rencontrent dans

les parties les plus importantes des grands édifices[1], tels que les temples , les arcs-de-triomphe , les théâtres, etc., etc.

Mortier et ciment. — Les mortiers romains sont composés de chaux vive mêlée de sable et assez ordinairement de brique pilée, dans dès proportions variables et qu'il serait difficile de déterminer. La présence de la brique pilée dans ce mortier le distingue de presque tous ceux que l'on a faits dans la suite. Cependant, on trouve aussi des mortiers romains qui ne contiennent aucune parcelle de brique et ne présentent aucun caractère particulier.

Ordres. — On appelle *ordre* l'arrangement de diverses parties saillantes disposées, d'après des proportions fixes, pour composer une ordonnance régulière [pour l'ornementation des murs des édifices d'une certaine importance.

Un ordre se divise en trois parties et se compose d'un *piédestal*, d'une *colonne* et d'un *entablement*. Ces parties ont reçu le nom de membres. Chaque membre se divise en trois parties , ainsi qu'il suit :

Premier membre $\left\{\begin{array}{l}\text{Base.}\\\text{Dé.}\\\text{Corniche.}\end{array}\right.$
ou
piédestal.

Deuxième membre ou colonne.	{	Base.
		Fût.
		Chapiteau.
Troisième membre ou entablement.	{	Architrave.
		Frise.
		Corniche.

Les ordres employés par les Romains étaient au nombre de cinq :

Le *Toscan*,

Le *Dorique*,

L'*Ionique*,

Le *Corinthien*,

Le *Composite*.

Le Dorique, l'Ionique et le Corinthien étaient originaires de la Grèce.

Le Toscan et le Composite avaient pris naissance en Italie.

C'est pour cela qu'on désigne quelquefois les trois premiers sous la dénomination d'*ordres Grecs*, et les deux autres sous celle d'*ordres Latins*.

Dans les ordres Toscan, Dorique, Ionique et Corinthien, la colonne a des proportions différentes ; celles du Corinthien et du Composite sont les mêmes. Voici le tableau de ces proportions, d'après Vignole :

La hauteur de la colonne est, pour l'ordre :	{	Toscan,	de 7 fois	}	son diamètre inférieur.
		Dorique,	de 8 fois		
		Ionique,	de 9 fois		
		Corinthien,	de 10 fois		
		Composite,	de 10 fois		

Ainsi, les quatre premiers ordres diffèrent de proportions; celles du cinquième ordre sont les mêmes que dans le quatrième. Les piédestaux et les entablements diffèrent aussi de proportions dans les quatre premiers ordres. En général, le piédestal a le tiers de la hauteur de la colonne, et l'entablement le quart.

Le module est une mesure de convention qui sert d'échelle pour dessiner les ordres. Cette mesure est toujours la moitié du diamètre inférieur de la colonne.

Le module se divise en 12 parties pour le Toscan et le Dorique, et en 18 parties pour l'Ionique, le Corinthien et le Composite.

Les distances ou vides compris entre les colonnes s'appellent *entre colonnements*.

Pour la nomenclature des moulures, on peut consulter mon *Abécédaire d'archéologie romaine* ou mon *Cours d'antiquités*, IIIe partie.

On peut résumer ainsi les caractères des cinq ordres, tels qu'ils ont été définitivement réglés par les modernes, en s'attachant à ce qu'ils offrent de plus saillant :

TOSCAN. { Le moins élevé et le plus simple des cinq ordres.
Corniche sans modillons ni denticules.

DORIQUE.
> Modillons denticulaires ou mutules dans la corniche, triglyphes dans la frise, gouttes à l'architrave.
> Chapiteau de même forme que le Toscan, mais un peu plus orné ; cannelures au fût.

IONIQUE.
> Chapiteau à volutes,—corniche ornée de denticules.
> Architrave divisée en trois plates-bandes.

CORINTHIEN.
> Chapiteau orné de deux rangs de feuilles d'acanthe et de seize volutes. — Deux rangs de denticules et un rang de modillons à la corniche.—Architrave divisée en trois plates-bandes par des baguettes ornées de moulures.

COMPOSITE.
> Chapiteau imité du Corinthien et de l'Ionique. — Corniche avec denticules.—Deux plates-bandes à l'architrave.

Les colonnes ne sont pas toujours employées à la décoration des édifices ; on les remplace souvent par des pilastres, qui, sans avoir l'aspect gracieux des colonnes, produisent néanmoins un effet très-agréable à l'œil. Les pilastres doivent avoir au moins 1 pouce, et au plus la moitié de leur largeur en saillie ; ils

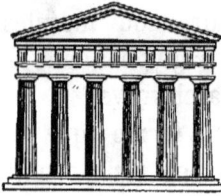

Façade d'un temple dorique.

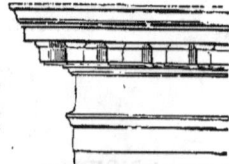

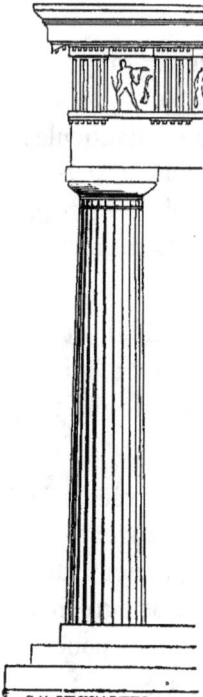

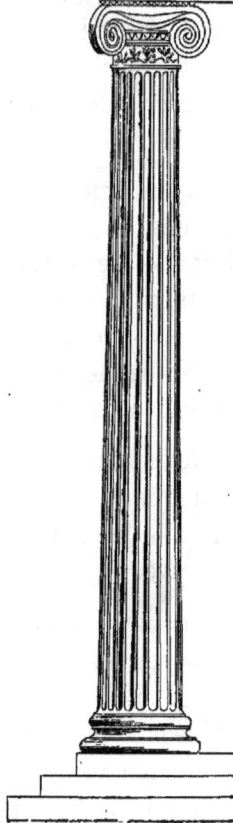

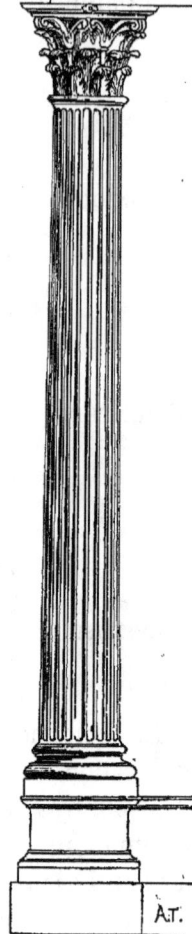

P.N-DESCARTES.SC.

DORIQUE.　　　　IONIQUE.　　　　CORINTHIEN.

A.T.

3

ne diminuent pas de diamètre, comme les colonnes,
à leur partie supérieure.

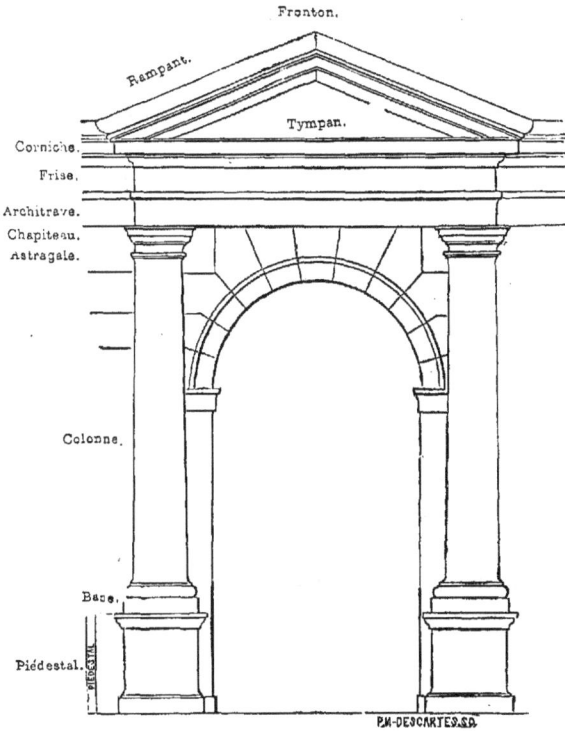

Fronton.

Rampant.

Tympan.

Corniche.

Frise.

Architrave.

Chapiteau.

Astragale.

Colonne.

Base.

Piédestal.

P.M-DESCARTES.SP.

PORTIQUE D'ORDRE TOSCAN.

Voici l'ordonnance d'un portique d'ordre toscan :
quand on place plusieurs ordres de colonnes ou
de pilastres dans un édifice, il faut nécessairement
que les ordres légers soient superposés aux ordres les
plus solides : ainsi, on ne met jamais des colonnes

toscanes sur des colonnes ioniques, et si l'on emploie
l'Ionique et le Corinthien, celui-ci doit toujours être
superposé au premier.

Il ne faut pas croire que l'architecture antique soit
tout entière représentée par les cinq ordres classés
et régularisés par les grands architectes italiens
de la Renaissance. On est grandement surpris,
en visitant les débris d'architecture gallo-romaine
que renferment nos villes anciennes, l'Italie, et
la ville de Rome particulièrement, de ne reconnaître presque nulle part, dans leur rigoureuse similitude, ces fameux cinq ordres antiques dessinés et
mesurés par Vignole, Palladio et autres architectes
illustres. Au contraire, les types principaux de l'architecture antique présentent une variété infinie,
variété qui augmente dans les édifices dont la date
se rapproche des derniers temps de l'Empire, à ce
point qu'il devient réellement fort difficile de préciser l'ordre auquel appartiennent tels ou tels entablements, chapiteaux, bases, colonnes, etc. Les
chapiteaux, notamment, présentent une diversité de
forme et d'ornementation qui défie les classifications
rigoureuses ; toutefois, ils montrent dans leur agen-
cement une richesse et une souplesse de ciseau extrêmement remarquables. Ainsi, les parties creuses
sont fouillées profondément et témoignent d'une en-
tente parfaite des effets pittoresques, des ombres et
des lumières. Les reliefs sont ménagés avec soin

et gardent l'empreinte d'une main habile et indépendante.

Les architectes modernes, en créant des types
uniques sous la dénomination de chacun des ordres,
en voulant tout ramener à ces types, se sont privés
de combinaisons très-élégantes, dont les Romains,
qui n'étaient pas dénués de goût, avaient tiré un
grand parti.

Les édifices publics et souvent les maisons privées
étaient, sous la domination romaine, pavés de car-
reaux de marbre, de ciment de chaux, quelquefois
de mosaïques et chauffés au moyen d'hypocaustes.

Les *mosaïques* dont on a trouvé souvent des restes
dans des localités inhabitées aujourd'hui, se composent, comme personne ne l'ignore, de petits fragments

cubiques incrustés dans une espèce de mastic et
assis sur un ciment mêlé de brique pilée. Ces petites pièces de plusieurs couleurs sont assorties de

manière à former divers dessins. Quelques mosaïques représentent des combats, des animaux et des scènes diverses.

Hypocaustes. — Les hypocaustes, établis sous les aires des rez-de-chaussée, produisaient dans les maisons romaines à peu près le même effet que nos calorifères.

Pour avoir une idée juste d'un hypocauste, il faut se figurer un plancher élevé d'environ 2 pieds au-dessus du sol et suspendu sur de petits piliers d'égale hauteur, distants les uns des autres de 1 pied, entre lesquels la chaleur pouvait circuler et échauffer d'une manière uniforme le pavé qui surmontait cette espèce de cave.

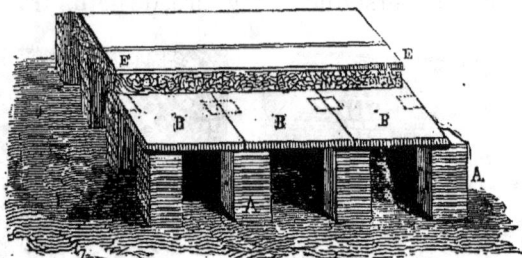

Les piliers des hypocaustes étaient ordinairement carrés, composés de briques de 7, 8 ou 10 pouces de diamètre, placées les unes sur les autres (A), ayant une couche de mortier entre chacune d'elles.

Les piliers de l'hypocauste supportaient de grandes

briques de 18 à 22 pouces en carré (B) qui formaient
la base du pavé des appartements.

Dans plusieurs localités, les briques qui formaient
les piliers débordaient les unes sur les autres, de
manière que le haut de chaque arcade était moins
large que le bas.

Le calorique ne demeurait pas concentré dans la
cave de l'hypocauste : il pouvait circuler dans des
régions plus élevées et se répandre également dans
toutes les parties de l'atmosphère des salles, au moyen
de tuyaux carrés en terre cuite incrustés dans les
murs, dont les uns, verticaux, plongeaient dans
l'hypocauste, tandis que les autres, placés horizontalement, faisaient le tour des appartements.

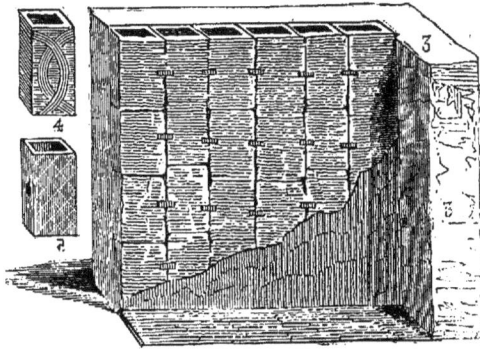

TUYAUX DE CHALEUR VERTICAUX DANS LES MURS.

Le feu qui échauffait l'hypocauste était allumé dans

un fourneau placé dans de petites cours ou des vestibules voisins de l'hypocauste.

Si les Romains faisaient le plus souvent usage de poêles ou d'hypocaustes pour chauffer leurs appartements, il n'est pas douteux qu'ils se servaient aussi de brasiers portatifs ou de réchauds, et de cheminées, *camini*. Plusieurs auteurs en font foi.

Placages et ornements. — Le marbre a été fréquemment employé pour la décoration des murs.

En général, les architectes romains ont toujours tiré un grand parti des matériaux que fournissait le pays dans lequel ils travaillaient. Ce n'est pas sans étonnement que j'ai vu nos grès schisteux et nos schistes argileux rougeâtres polis et taillés pour former des bordures à l'intérieur des maisons de Lillebonne, de Jublains, de Vieux et de Lisieux.

Au reste, il est rare que les matériaux indigènes n'aient point été combinés à des matériaux exotiques plus précieux, tels que le porphyre, les marbres cipolins ou talqueux, les ophites, etc., etc.

L'usage de peindre les murs était si général que de modestes constructions en torchis et des plafonds en argile ont été décorés de cette manière. La peinture était appliquée sur un léger enduit de chaux.

Dans les fouilles que j'ai faites, dans celles qui ont été pratiquées par d'autres, on a souvent rencontré des débris de ces murs d'argile et de ces plafonds rustiques, avec leurs peintures assez bien conservées.

Les méthodes usitées par les Romains pour la peinture des murailles ne sont qu'imparfaitement connues. L'une consistait à employer, avec le pinceau, des cires colorées et fondues qu'on étendait à chaud sur les murs. Cette cire n'était pas employée pure : on la mêlait avec de l'huile, pour la rendre plus liquide.

Quelques-unes des peintures que j'ai trouvées sur les enduits de plusieurs maisons romaines doivent avoir été étendues d'après cette méthode ; mais la plupart me paraissent avoir été appliquées à froid, et devaient sans doute leur adhérence à une espèce de colle.

Les murs et les plafonds étaient aussi parfois incrustés de mosaïques en verre noir, bleu, blanc, vert foncé, etc. Ce genre de décoration a été observé par M. de Crazannes dans plusieurs salles des bains romains de Saintes. M. Le Prevost a trouvé à Serquigny, département de l'Eure, des débris de semblables mosaïques qu'il suppose avoir été employés dans la partie supérieure d'un édifice découvert dans cette commune.

Pline nous dit qu'on employa le verre pour les mosaïques des voûtes et des murailles, et il nous apprend que cet usage était récent, comparativement à celui des mosaïques de pierre ou de terre cuite.

Tuiles de toiture.—Les toits des maisons romaines
étaient formés de tuiles plates d'une grande dimension, plus longues que larges, munies de rebords
sur deux côtés et de tuiles courbes semblables à nos
faîtures. Les premières s'adaptaient les unes aux
autres par les extrémités non bordées ; les secondes
ne servaient qu'à lier ensemble, dans le sens de
l'inclinaison du toit, les rangs parallèles des tuiles
plates, et à recouvrir les jointures qui existaient entre
eux, afin d'empêcher l'infiltration des eaux pluviales.

Les débris de tuiles à rebords ont résisté, depuis
quatorze siècles, à l'action destructive des éléments
et de la charrue ; on les trouve répandus et enfouis
en grand nombre dans presque tous les lieux où il
a existé des constructions couvertes de cette manière. Leur épaisseur et la présence du rebord que
l'on remarque même sur des morceaux très-peu
considérables, les caractérisent suffisamment et les
distinguent des tuiles actuelles. En un mot, ces
débris sont l'indice le meilleur dont on puisse se
servir pour reconnaître les lieux anciennement
habités.

Au milieu des terres labourées, la couleur rouge
de ces fragments de terre cuite les fait distinguer
sans difficulté, et m'a souvent révélé la présence de
constructions romaines enfouies dans des lieux où je
ne les aurais point cherchées.

Je vais maintenant jeter un coup-d'œil rapide sur
les différents édifices élevés dans nos contrées sous
la domination romaine et citer quelques-uns de ceux
dont il reste des ruines.

PONTS.

Les ponts, d'une si grande utilité, furent très-
remarquables par leur hardiesse et leurs dimensions. Mais aujourd'hui il en reste peu ; la plupart
ont été détruits, ruinés par l'effort des eaux, ou
reconstruits à diverses époques : à peine en peut-
on citer quelques-uns d'entiers remontant à l'âge
romain.

Dans les ponts, comme dans tous les autres monuments gallo-romains, on a fait usage du grand
appareil, et souvent de la maçonnerie à bain de
mortier (*emplecton*), revêtue de petites pierres
symétriques (*opus incertum*). Lorsque des matériaux de grande dimension ont été mis en œuvre,
les pièces ont été jointes les unes aux autres au
moyen de crampons de fer. Dans les ponts construits en petit appareil, la solidité du mortier a
rendu presque inaltérables les bases ou piliers qui
supportaient les arcades.

Les piles offraient quelquefois, du côté du courant, une saillie triangulaire, pour donner ainsi
moins de prise à l'eau ; et, si le fleuve à franchir

était d'une certaine étendue, il arrivait souvent
qu'on le divisait en plusieurs bras, afin de partager en même temps le pont en plusieurs parties
séparées. Ce mode assez simple d'atténuer la ra-
pidité des fleuves par la division de leurs eaux,
et de rendre par suite moins difficile la construction des ponts, a continué d'être usité au moyen-
âge. Nous en trouvons beaucoup de cette époque,
s'appuyant sur une suite d'îlots établis dans les
lieux où les rivières s'épanouissent en plusieurs
rameaux, soit que la nature ait présenté cette
disposition, soit que la main de l'homme l'ait
obtenue par des travaux plus ou moins considérables.

Les ponts construits avec le plus de soin et de
régularité étaient quelquefois de véritables monuments, qui servaient aussi à l'embellissement.
Quelques-uns même étaient surmontés de portes
ou d'arcs-de-triomphe ; tels étaient ceux de Saint-
Chamas (Bouches-du-Rhône) (V. la page suivante),
de Saintes (Charente-Inférieure), et quelques
autres.

Parmi les ponts gallo-romains les plus remarquables, on peut citer celui de Vaison, qui est
construit en grand appareil, et encore très-solide,
quoique l'on ait arraché les crampons qui liaient
les pierres les unes aux autres.

LE PONT DE SAINT-CHAMAS ET SES DEUX PORTES MONUMENTALES.

A Vienne, il y avait un pont sur le Rhône, ce fleuve au cours rapide, appelé par les anciens poètes *impatiens pontis;* il servait à réunir la ville avec le faubourg de Sainte-Colombe, où l'on a trouvé de précieux débris de sculpture et d'architecture antiques. Ce pont, plusieurs fois réparé, fut renversé en 1407 par le Rhône, après des pluies torrentielles qui avaient doublé ses eaux et produit des débordements considérables.

Il y avait aussi à Vienne, sous la domination romaine, un ou plusieurs ponts sur la petite rivière de Gère, qui traverse la ville avant de se jeter dans le Rhône.

M. Taillefer rapporte que sept ponts servaient à accéder à Périgueux. Six de ces ponts étaient sur la rivière d'Ille, et le septième sur le ruisseau de Toulon.

Il faut apporter beaucoup de réserve et ne rien affirmer relativement à l'origine de quelques ponts, anciens sans doute, mais qui ont été souvent signalés sans preuves suffisantes comme remontant à la domination romaine.

Ponts en bois. — Je ne parle que des ponts de pierre, parce que ce sont les seuls qui aient pu subsister jusqu'à nous; mais, sous les Romains, on avait établi en Gaule un grand nombre de ponts en bois.

On passait aussi les rivières au moyen de bacs, avec des radeaux portés quelquefois sur des outres en cuir ou des tonneaux vides, comme on le fait encore de nos jours.

Les ponts de bateaux sur les fleuves étaient établis comme celui qui existait à Rouen il y a trente ans, ceux qui existaient il y a quelques années sur le Rhin à Cologne, entre Strasbourg et Kell, à Mayence, à Manheim, à Coblentz ; sur le Var, près de Nice ; sur le Rhône, à Arles, et sur plusieurs autres grandes rivières.

Le pont de bateaux figuré sur la colonne Trajane fournit la preuve de ce que j'avance.

Murs de quais. — Les quais ou grands murs de soutènement, construits le long des rivières, venaient souvent se lier aux ponts, lorsque ceux-ci étaient dans les villes. On remarque encore à Vaison sur l'Ouvèze, près du pont dont j'ai parlé tout à l'heure, les débris d'un quai qui avait 600 pieds de longueur, et il serait facile d'en citer d'autres.

AQUEDUCS.

Les aqueducs, par leur étendue considérable et l'importance des ruines que l'on en connaît sur

différents points de la France, offrent un intérêt
particulier.

Les Romains, comme toutes les nations civilisées,
consommaient une grande quantité d'eau pour leurs
usages domestiques; ils étaient très-difficiles sur la
qualité de l'eau et ils en faisaient venir de très-loin
dans les centres d'habitation, au moyen de canaux
ou d'aqueducs.

Les aqueducs qui nous restent en Gaule, comme
ceux que l'on voit en Italie et ailleurs, offrent des
conduits en maçonnerie, plus ou moins solides, plus
ou moins soigneusement cimentés. On y employait
le plus ordinairement des pierres de petite dimension, noyées dans le mortier. Ces conduits, pro-
portionnés au volume d'eau qui devait y passer,
étaient voûtés à plein-cintre; quelquefois recouverts de grandes dalles juxta posées, sans ciment.

Pour rétablir le niveau dans les vallées qui se
trouvaient à la rencontre des canaux, on les faisait
passer sur des arcades plus ou moins élevées, qui
réunissaient l'un à l'autre les deux côtés du vallon;
quelquefois même on superposait deux ou trois
rangs d'arcades, de peur que la trop grande élévation des piles n'en rendît la structure moins
solide.

Quand la vallée était trop profonde pour que l'on
pût, à ce moyen, soutenir le canal de l'aqueduc à
un niveau convenable, on conduisait l'eau dans des

tuyaux de plomb qui suivaient la
pente du coteau pour remonter
jusqu'au point du coteau opposé,
où elle pouvait reprendre son
cours (V. la fig. ci-jointe). Les
aqueducs de Lyon offrent des
exemples de ce système de si-
phons, qui dut être employé en
Gaule dans plusieurs autres localités, et que Vitruve décrit très-
clairement dans son VIIIᵉ livre.

Pour éviter des travaux toujours difficiles et dispendieux, on
faisait suivre aux canaux souterrains des détours, ou des sinuo-
sités, au moyen desquels les eaux
pouvaient franchir de longs espaces sans rencontrer de vallées
et sans être arrêtées par des montagnes.

Les aqueducs étaient donc le
plus ordinairement souterrains,
et ne devenaient apparents que
dans les vallées, où il fallait les
conduire sur des murs ou des arcades.

Les conduits qui distribuaient
l'eau aux fontaines, aux bains et

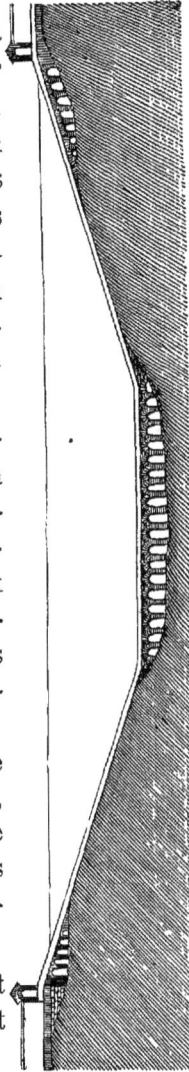

RESTAURATION D'UN AQUEDUC A SIPHON.

aux autres établissements publics et particuliers des villes gallo-romaines, étaient en plomb ou en terre cuite. Ils partaient d'un réservoir commun ou château-d'eau, *castellum ;* leur diamètre était basé sur la quantité d'eau qui devait être fournie.

Nous donnons (page suivante) un croquis, de M. Victor Petit, montrant le canal de l'aqueduc de Fréjus, un des plus étendus qui subsistent , tel qu'il se présente quand il est souterrain ou conduit sur les pentes des collines.

Plus bas, on voit le même conduit porté, dans le trajet d'une vallée, sur des arcades robustes dont l'élévation conservait au courant son niveau. Cet exemple explique tout le système employé par les ingénieurs romains.

Les aqueducs , procédant à peu près comme nos chemins de fer, franchissaient comme eux les vallées sur des viaducs et traversaient les montagnes au moyen de tranchées ou de tunnels.

Parmi les aqueducs gallo-romains les plus importants qui nous restent en France, il faut citer en première ligne ceux de Lyon qui ne le cèdent guère en importance aux aqueducs de la campagne de Rome ; leurs ruines sont encore très-imposantes dans quelques vallées des environs de cette capitale de la Gaule chevelue ; il y en avait deux : le parcours de l'un mesurait près de 14 lieues ; l'autre près de 8 lieues.

Des ponts-aqueducs servaient à franchir les

CANAL SOUTERRAIN D'AQUEDUC.

CANAL D'AQUEDUC PORTÉ SUR DES ARCADES.

vallées, et un de ces ponts avait quatre-vingt-dix arcades, dont soixante-deux étaient encore sur pied il y a quelques années (V. mon *Abécédaire d'archéologie romaine*, p. 124 et suivantes).

Nous citerons ensuite l'aqueduc du pont du Gard, porté sur trois rangs d'arcades superposées (V. le dessin ci-joint);

Celui de Jouy, près de Metz, parfaitement conservé;

Ceux de Saintes, de Luynes (Indre-et-Loire), d'Arles, de Vienne (Isère), de Poitiers, de Tours, de Périgueux, etc., etc., etc.

Le nombre des aqueducs était extrêmement considérable : non-seulement on en trouvait dans le voisinage de toutes les villes, mais il y en avait pour certains villages et même pour de simples maisons de campagne. Ces faits ont été partout constatés et sont irrécusables. (V. *l'Abécédaire d'archéologie*, partie romaine.)

Quelques aqueducs ont été

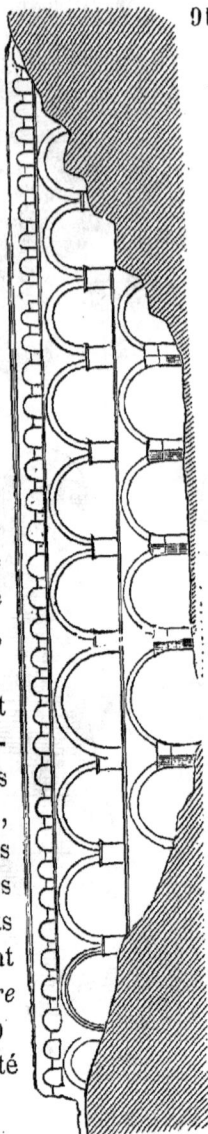

VUE GÉNÉRALE DU PONT DU GARD.

faits avec économie et le plus simplement possible.

Feu M. Rever, de l'Académie des Inscriptions, rapporte qu'après avoir examiné des portions de l'aqueduc du Vieil-Évreux, solidement construites, parfaitement cimentées et voûtées avec soin, il trouva le prolongement du même canal construit en gros cailloux anguleux et bruts, posés les uns sur les autres, sans mortier pour les unir. Ce canal offrait à droite et à gauche deux revêtements rocailleux, au-dessus desquels trois rangées. de cailloux du même genre, superposées en arcs de cercles, formaient une sorte de voûte d'un aspect âpre et sauvage.

Il reconnut encore que le terrain, dans cette partie, était une glaise ocreuse, extrêmement forte et compacte, ce qui lui expliqua les différences de construction remarquées dans l'aqueduc. Si l'on avait cru devoir prendre la peine de construire des rigoles en mortier de chaux et petite rocaille, dans des terrains sablonneux et mouvants, où l'eau se serait infiltrée et perdue, on avait pu se borner à prévenir, par de simples soutènements en pierre sèche, les seuls accidents que l'on avait à craindre dans un terrain glaiseux, aussi propre à maintenir le cours de l'eau que la meilleure rigole.

Les mêmes faits ont été souvent constatés ailleurs. En général, pourtant, le canal était cimenté.

CLOAQUES.

Les cloaques sont des aqueducs souterrains destinés à l'écoulement des eaux inutiles, ou à dégager les rues des eaux pluviales et des immondices.

A Rome, ces cloaques, dont les grands égouts de Paris peuvent donner une idée, s'étendaient sous toute la ville, et se subdivisaient en plusieurs branches qui se déchargeaient dans le Tibre. Le principal égout, avec lequel les autres communiquaient, était appelé *cloaca maxima*. Il avait de hautes voûtes bâties très-solidement, sous lesquelles on allait en bateau.

Beaucoup de nos grandes villes gallo-romaines avaient des cloaques : on en a reconnu à Nîmes, Arles, Lyon, Vienne, Besançon, Reims, et dans d'autres grands centres de population.

PLACES PUBLIQUES.

Le *forum* était ordinairement une place où se tenaient les assemblées du peuple, où l'on rendait la justice et où l'on traitait des affaires publiques. Il était quelquefois environné de portiques, d'édifices et de boutiques.

Dans les villes d'une importance médiocre, où

les portiques n'étaient pas multipliés comme à
Rome, ils se trouvaient principalement près des
grands monuments publics, tels que les théâtres,
les thermes, les palais, les temples, etc., etc.
On plaçait assez souvent les portiques du *forum*
derrière la scène des théâtres, afin que, dit Vitruve, quand il survenait inopinément de la pluie
pendant le spectacle, le peuple pût s'y réfugier.

La forme des places ou *fora* était celle d'un
carré-long. Vitruve veut qu'elles aient un tiers en
étendue sur un sens de plus que sur l'autre.

Forum d'Arles. — « Le forum d'Arles, dit
M. Jacquemin, formait un carré-long de 90 mètres
de largeur sur 45 de profondeur. Un portique
composé d'une double galerie couverte, laquelle
était ornée d'un entablement d'une grande simplicité, l'entourait tout entier et régularisait ainsi ses
quatre faces. Au rapport de Sidoine Apollinaire,
qui écrivait au Ve siècle, et qui était venu à
Arles à la suite de l'empereur Majorien, le *forum*
d'Arles était orné de statues, bordé de riches
colonnades ; et cette quantité prodigieuse de bases,
de chapiteaux et de fûts de marbre et de granit
qu'on trouve à chaque coin de rue, peuvent en
être regardés comme les restes. »

Forum d'Orange. — La place publique que l'on
voit derrière la scène du théâtre d'Orange était le

forum de cette ville, si intéressante par ses ruines antiques.

Forum de Trajan, à Lyon. — D'après le beau plan de Lyon antique, dressé par MM. Artaud et Chenavard, un forum entouré de portiques occupait, dans la ville haute, l'espace où l'on voit la place de la Providence ; il offrait un carré-long ayant environ 1,000 pieds sur 300. Il se trouvait accolé à de grands édifices, eux-mêmes ornés de colonnes notamment au palais de Trajan, dont on a trouvé les vestiges. (V. le plan présumé de ce *forum* dans mon *Abécédaire d'archéologie.*)

Forum de Besançon. — D'après les renseignements qu'avait bien voulu me donner feu M. Weiss, membre de l'Institut, un forum existait à Besançon, en avant de l'arc-de-triomphe qu'on voit près de la cathédrale, et cet arc entrait vraisemblablement avec d'autres monuments et des portiques dans la décoration du pourtour de la place.

BASILIQUES.

Le mot basilique signifie *maison royale :* il désignait, à Rome, un bâtiment somptueux dans lequel les magistrats rendaient la justice à couvert, ce qui le distinguait du *forum*, où les séances se tenaient en plein air. La forme des basiliques était celle d'un carré-long.

Une partie des portiques intérieurs était occupée par des marchands : ainsi , ces édifices étaient en même temps des lieux de commerce et de judicature et une espèce de Bourse.

Quant à la disposition des basiliques , les églises chrétiennes des premiers temps nous en ont transmis l'imitation, comme elles en ont conservé le nom. Les basiliques consistaient donc en une vaste pièce, trois fois plus longue que large, partagée, par des rangées de colonnes, en plusieurs nefs. Il n'est pas sûr que les basiliques aient été fermées de tous côtés par un mur ; il y a lieu de penser que quelques-unes étaient ouvertes, au moins d'un côté , pour la plus facile circulation du peuple, et pour que les galeries communiquassent mieux avec la place publique.

On ne peut douter qu'il n'ait existé des basiliques dans les cités gallo-romaines ; mais il serait difficile d'indiquer l'emplacement qu'elles occupaient, car elles ont à peu près complètement disparu.

ARCS-DE-TRIOMPHE ET PORTES MONUMENTALES.

Les arcs-de-triomphe étaient des portiques élevés à l'entrée des villes, sur des passages publics, près

des forums, en avant des
temples, à la tête des ponts,
etc., etc., en mémoire d'une
victoire, d'un service rendu
à l'Empire, quelquefois sans
autre but que de décorer les
villes où on les élevait.

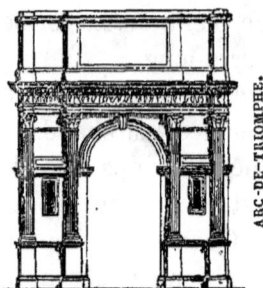

ARC-DE-TRIOMPHE.

On donne aussi le plus souvent la même dénomination aux portes de ville antiques, qui offrent une
ordonnance à peu près semblable à celle des arcs-
de-triomphe. Les arcs-de-triomphe sont des monuments isolés : ainsi les arcs de Saintes, de St-Rémy,
d'Orange, étaient des arcs-de-triomphe, dans la véritable acception du mot ; ils formaient un tout et
ne se liaient point à des remparts.

C'est, au contraire, ce qui avait lieu pour les
portes de ville, qui, tout en étalant parfois dans
leurs façades une grande magnificence, étaient
par leurs extrémités latérales enclavées dans des
murs d'enceinte, dont elles formaient ainsi l'accessoire ou l'ornement.

Parmi les arcs-de-triomphe nous citerons ceux
d'Orange, de Reims, de Besançon, de St-Rémy,
de Carpentras, de Cavaillon, de Langres, de Saintes,
et ceux de St-Chamas, aux deux extrémités d'un
pont (V. la page 84).

3*

Parmi les portes, celles d'Arroux et de St-André

PORTE SAINT-ANDRÉ, A AUTUN.

à Autun, la porte d'Auguste à Nîmes, la porte Noire à Trèves, et d'autres portes moins importantes, notamment à Tours, à Dax, à Périgueux, etc., etc.

TEMPLES.

Deux formes étaient consacrées pour ces édifices religieux : le carré-long et la forme ronde.

La première était le plus ordinairement employée, et c'est à elle que se rapportent la plupart des monuments de ce genre observés en France.

Les temples ont reçu différentes dénominations, suivant la disposition des colonnes qui les décoraient. Ainsi on distinguait :

Les temples *à antes*,

Les *prostyles* (p. 100, fig. 1),

Les *amphiprostyles* (p. 100, fig. 2),

Les *périptères* (p. 100, fig. 3),

Les *diptères*,

Les *pseudo-périptères* (p. 100, fig. 5),

Les *hypèthres*,

Les *monoptères*.

Les premiers n'avaient que des pilastres à leurs encoignures de face, et une colonne seulement de chaque côté de la porte.

Les temples *prostyles* offraient quatre colonnes à leur face extérieure, et n'en avaient point de côté ni par derrière (V. la page suivante).

Dans les temples *périptères*, les colonnes entouraient complètement l'édifice ; elles étaient au nombre de six dans les façades antérieure et postérieure.

Les temples *pseudo-périptères*, ou faux périptères, différaient des précédents en ce que les colonnes étaient engagées dans les murs latéraux et dans le mur du fond, au lieu de s'en détacher.

Un double rang de colonnes faisait le tour des temples *diptères*, dont huit colonnes décoraient les façades.

Enfin, un temple *monoptère* offrait simplement une coupole portée sur des colonnes disposées en rond ; le sanctuaire n'était point fermé. On a imité ce type dans les lanternes ou petits temples élevés pour la décoration de nos jardins.

Il résulte de ce qui précède que, dans tous les

1

PROSTYLE.

2

AMPHIPROSTYLE.

3

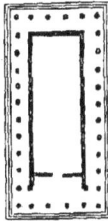

PÉRIPTÈRE CARRÉ.

4

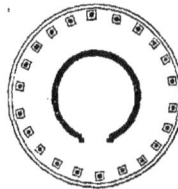

PÉRIPTÈRE ROND.

5

PSEUDO-PÉRIPTÈRE.

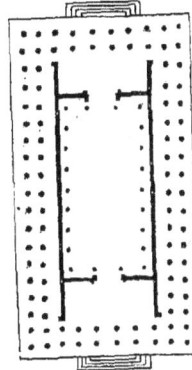

HYPÈTHRES.

temples, excepté dans les *monoptères*, on trouvait une partie fermée ou sanctuaire ; que, dans beaucoup de temples, il régnait autour de ce sanctuaire des galeries ouvertes, espèce de portiques pour la décoration extérieure de l'édifice. La partie close était désignée sous le nom de *cella* ou de *naos*. C'était là que se trouvait la statue du dieu en l'honneur duquel le temple était élevé.

En avant de la *cella*, derrière les colonnes de la façade, était le *pronaos* ou vestibule, dans lequel était pratiquée la porte d'entrée : l'extrémité opposée du temple portait le nom de *posticum*. Quelquefois on ménageait, à la partie postérieure de la *cella*, une pièce destinée à renfermer le trésor du temple, et qu'on désignait sous le nom d'*opisthodomos*.

Les colonnes étaient toujours en nombre pair dans les façades des temples ; et, suivant qu'on en comptait quatre, six, huit ou dix, les temples prenaient la dénomination de *tétrastyles* (à quatre colonnes), *hexastyles* (à six colonnes), *octostyles* (à huit colonnes), ou de *décastyles* (à dix colonnes).

Enfin, certains temples étaient entourés d'une enceinte (*peribolos*) ou précédés d'une cour fermée, quelquefois ornée comme un portique, et dans le pourtour de laquelle se trouvaient les logements des prêtres.

La statue du dieu, en bronze, en marbre ou en pierre, se trouvait au fond de la *cella*, sur un

piédestal un peu plus élevé que l'autel, et faisait
face à la porte d'entrée. En général, les temples
étaient tournés vers l'Orient, comme les églises
chrétiennes.

Il ne faut pas croire que les temples aient été
vastes; beaucoup d'entre eux avaient même de fort
petites dimensions, ce qui s'explique facilement par
la connaissance des usages religieux chez les anciens. M. Quatremère de Quincy a très-bien dé-
montré qu'il n'était pas nécessaire que les temples
fussent d'une étendue considérable, parce que l'exercice du culte était individuel; que chacun avait ses
jours de sacrifice ; tandis que , dans le Christianisme, l'exercice du culte est collectif.

Maison carrée de Nimes. — Le temple connu à
Nimes sous le nom de *Maison carrée* est un
pseudo-périptère hexastyle, d'ordre corinthien. En
effet, on y voit six colonnes de face au péristyle,
et les colonnes du pourtour sont engagées dans le
mur de la *cella.* L'édifice a 72 pieds de longueur
sur 36 environ de largeur.

Le nombre des colonnes dans tout l'édifice est
de trente, dont vingt engagées dans le pourtour
de la *cella* et dix dégagées autour du *pronoas.*
Elles sont ornées de vingt-quatre cannelures: leur
diamètre est de 2 pieds 3 pouces et quelques
lignes ; leur hauteur, de 27 pieds 9 pouces.

La porte de la *cella* est haute de 22 pieds et large de 10 ; elle devait servir en même temps de passage à la lumière, à moins que l'on n'admette qu'il y avait une ouverture dans le toit, ce qui est douteux.

FAÇADE DE LA MAISON CARRÉE DE NÎMES.

La *Maison carrée* de Vienne est, comme celle de Nîmes, un temple hexastyle, d'ordre corinthien. Sa longueur est d'environ 60 pieds ; sa largeur de 41 ; sa hauteur, jusqu'à l'extrémité du fronton, de 45 pieds. Les colonnes ont 3 pieds de diamètre et 10 mètres 75 centimètres de hauteur, y compris le chapiteau et la base.

Le temple de Champlieu près Compiègne, que la Société française d'archéologie avait la première reconnu au moyen de fouilles, et qui depuis a été complètement déblayé par ordre de l'Empereur, offre la même ordonnance que les deux précédents.

Le théâtre de Champlieu est prostyle ; il repose sur un soubassement de 1 mètre 80. Un caniveau en pierre, encore en place, recevait les eaux du toit autour du soubassement. Les fûts des colonnes engagées étaient couverts d'écailles imbriquées et d'ornements divers. Le portique était tourné du côté de l'est.

Des fragments ont prouvé que les sculptures avaient été peintes en blanc et en jaune ; le tout relevé par des traits rouges, pour donner plus de relief aux contours. Nous avons vu le même système employé par les artistes gallo-romains dans beaucoup d'autres localités, notamment à Sens.

Le temple de Champlieu était entouré d'un petit portique, dont on a retrouvé les fondations. On y montait par un escalier dont on voit encore les débris.

Nous pourrions citer des temples rectangulaires à Izernore (département de l'Ain), à Saintes, à Riez (Hautes-Alpes).

Parmi les temples circulaires on peut citer ceux

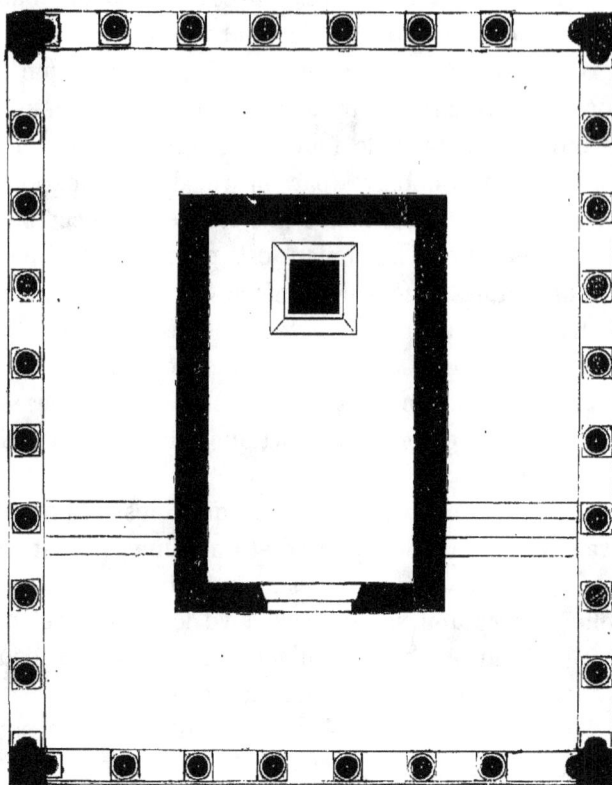

PLAN DU TEMPLE D'IZERNORE (AIN).

de Chassenon (Charente) dont les soubassements seulement existent.

Comme on le voit par le plan ci-joint, le temple de Chassenon était octogone en dehors, mais circulaire en dedans et de même dimension, à quelques centimètres près, que la tour de Vésone, de Périgueux. Cet édifice était revêtu de marbre, à en juger par les crampons et les placages trouvés dans les déblais.

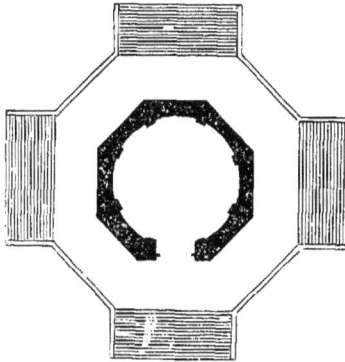

PLAN DU TEMPLE DE CHASSENON.

Les murs ne s'élèvent pas assez haut pour qu'on puisse indiquer l'ordonnance de l'édifice, et, depuis qu'ils sont à découvert, leurs assises en petites pierres carrées se désagrègent assez rapidement. Bientôt le plan deviendra confus; mais toujours on verra que la tour proprement dite, ou *cella*, était exhaussée sur un vaste massif de maçonnerie, qui domine encore de 2 ou 3 mètres le sol naturel, et qui supportait un péristyle octogone auquel on accédait, non-seulement à l'est en avant de la porte de la *cella,* mais à l'ouest, au nord et au sud, par des rampes droites nettement caractérisées.

Les fouilles dirigées par MM. de Verneilh et Arbellot, aux frais de la Société française d'archéologie, ont mis à nu, à Chassenon, deux autres temples circulaires de très-petite dimension.

La belle tour de Vésone, à Périgueux, était la *cella* d'un temple circulaire.

Il me suffit d'avoir cité quelques types. On peut trouver d'autres détails dans mon *Abécédaire d'archéologie romaine*, p. 200 et suiv.

Non-seulement il y avait des temples dans les villes, mais aussi dans les campagnes.

Quelques-uns de ces derniers durent être en renom comme nos pélerinages, puisque l'un des plus riches trésors connus était celui de Mercure Canet, découvert, il y a trente-cinq ans, à Berthonville, petite commune de l'arrondissement de Bernay.

Autels. — J'ai dit dans quelle partie du temple on plaçait les statues; il me reste à parler des autels.

Il y avait entre eux des différences de forme, de matière, de proportions et d'usage.

La plus grande partie de ceux qui sont venus jusqu'à nous sont de marbre ou de pierre : il paraît qu'on en construisait aussi en bois ; mais ils étaient en moins grand nombre. Les autels en métal affectaient ordinairement la forme d'un trépied ; les autels en marbre et en bois étaient carrés, ronds, quelquefois triangulaires.

Les décorations les plus usitées dans les autels anciens sont des têtes de victimes, des patères, des vases et d'autres instruments de sacrifice, entremêlés à des guirlandes de fleurs et de feuillage. Sur quelques autels on lisait des inscriptions indiquant la date de leur consécration, le nom de leur fondateur, les motifs de cet acte de dévotion. Les plus beaux et les plus riches étaient ornés de bas-reliefs représentant la divinité qu'on avait voulu honorer, et quelques-uns de ses attributs.

On pratiquait, au-dessus des autels, une cavité pour recevoir les libations ou le sang des victimes.

Certains autels devaient se trouver dans les carrefours, près des routes les plus fréquentées, comme on y a placé depuis des croix monumentales.

ÉDIFICES CONSACRÉS AUX JEUX PUBLICS.

Les anciens avaient trois sortes d'édifices consacrés aux jeux publics : le cirque, le théâtre et
l'amphithéâtre. Souvent on les a confondus tous trois
sous la dénomination de cirques ; mais leur forme,
leur destination, leurs dimensions, établissent entre
eux des différences essentielles.

Les cirques étaient bien plus considérables que
les amphithéâtres et les théâtres ; la forme de l'édifice était celle d'un parallélogramme fort allongé,
arrondi à l'un des bouts, et carré ou légèrement

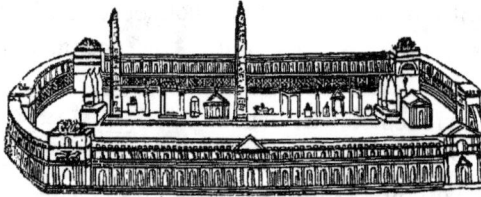

convexe par l'autre. Les deux grands côtés offraient
extérieurement deux ordres superposés, surmontés
d'un attique et terminés par une terrasse. Des boutiques et des passages, conduisant à l'intérieur du
cirque, occupaient le premier rang d'arcades. Six
tours carrées, quatre aux points de jonction des
grands et des petits côtés du cirque et deux aux extrémités, s'élevaient au-dessus des terrasses ; elles

4

étaient ornées de quadriges ou de groupes de coureurs.

L'entrée pour les chars avait lieu par l'extrémité légèrement convexe du cirque ; douze arcades, non comprise celle qui se trouvait sous la tour, fermées par des grilles, formaient les remises, *carceres*, où les chevaux étaient retenus avant les courses.

Il est facile de comprendre la disposition des siéges à l'intérieur d'un cirque : sur les deux grands côtés et sur l'hémicycle opposé aux *carceres*, s'élevaient plusieurs rangs de gradins au-dessus desquels

TRIBUNE D'UN CIRQUE.

était une galerie ornée de colonnes correspondant, à ce qu'il paraît, aux arcades extérieures du second ordre, et dans laquelle on pouvait circuler. Il y avait aussi, au-dessus des *carceres*, plusieurs étages de gradins, et c'était là, au-dessus de la grande entrée et dans la tour placée au centre des remises, qu'était la tribune réservée à l'empereur ou au magistrat qui présidait aux jeux (Voir la figure précédente).

Entre les siéges des spectateurs et l'espace destiné aux jeux (*area*), était, dans quelques cirques
un canal large de 10 pieds et plein d'eau (*euripus*),
bordé d'une grille du côté de l'*area*. Mais tous les
cirques n'étaient point entourés d'un fossé pareil :
on n'en trouve aucune trace dans celui de Caracalla, à Rome, et dans plusieurs autres. L'*euripus*
n'existait jamais du côté des *carceres*, où il aurait
intercepté l'entrée du cirque.

Au milieu de l'*area* des cirques régnait une muraille haute de 4 pieds, large de 12 environ, s'éten-
dant dans presque toute la longueur de l'enceinte.
Cette construction, qui barrait le cirque longitudi-
nalement, portait le nom de *spina*. Auguste fit
élever, le premier, sur la *spina* un obélisque dédié
au Soleil.

Il y avait aussi sur la *spina* des cirques de petits
temples, des autels, des statues et sept boules, *ova*,
portées sur des pivots, et qui servaient à indiquer
le nombre de tours parcourus par les chars, *ova ad
metas curriculis numerandis*, et sept dauphins
portés aussi sur des piédestaux ou sur une architrave élevée sur colonnes. Les dauphins avaient été
choisis en l'honneur de Neptune, parce qu'ils passent pour les animaux les plus agiles de la mer.
Aux deux extrémités, et en dehors de la *spina*,
étaient toujours trois pyramides reposant sur un

même soubassement et faisant l'office de bornes.
C'était près de ces bornes (*metæ*) que les chars devaient tourner aux deux extrémités du cirque, en
évitant de frapper la borne. Le point de départ était
toujours placé de manière que les coureurs avaient
à leur gauche la *spina*, et les bornes.

Les concurrents ou conducteurs de chars (*aurigæ*)
portaient des espèces de livrées de couleurs différentes et formaient des partis ou factions. Il y eut
d'abord quatre livrées, savoir : la blanche, *alba ;* la
rouge, *russea ;* la bleue, *veneta,* et la verte, *prasina.*
Deux autres livrées furent ajoutées par Domitien :
la pourpre, *purpurata,* et la dorée, *aurata.*

Les spectateurs se passionnaient pour telle ou telle
couleur, faisaient des paris pour le succès de telle
ou telle faction. Dans la suite, les couleurs du cirque
donnèrent lieu à de véritables factions politiques
auxquelles appartenaient des milliers de citoyens.

Le cirque d'Orange est, je crois, le seul en France
qui offre encore des vestiges considérables. Il était
à côté du forum et du théâtre, et sa longueur égalait
à peu près la largeur de la ville actuelle. Les arcades et les murs du monument se voient très-bien
encore le long de plusieurs maisons et dans des
jardins. L'une des extrémités de l'ellipse avait été
taillée dans la pente d'une éminence qui domine la
ville, et l'on avait construit, le long de la colline,

un grand mur destiné à soutenir les terres, et qui existe encore en partie.

L'obélisque qui décore la ville d'Arles était placé, dans l'origine, au milieu de la *spina* d'un cirque. Les derniers vestiges de ce monument ont été retrouvés récemment à l'extrémité de la Roquette, très-près des bords du Rhône, et à l'endroit où les vieilles traditions s'accordaient à en indiquer l'emplacement.

On croit que l'obélisque que l'on connaît à Vienne sous le nom de l'Aiguille a été, dans l'origine, sur la *spina* du cirque de cette ville.

Naumachie. — Il paraît que les cirques servaient parfois aux naumachies.

La naumachie était la représentation d'un combat naval, et ce genre de combat se donnait sur un grand bassin rempli d'eau et entouré de constructions analogues à celles des cirques; mais on conçoit difficilement comment un cirque pouvait être approprié à cet usage, sans de grands inconvénients et sans des travaux préparatoires. Aussi cette transformation de l'*area* des cirques en pièces d'eau dut-elle avoir lieu rarement et lorsqu'on n'avait aucun autre emplacement. Dans quelques cités, on fit creuser des lacs pour ce genre de spectacle.

THÉATRES.

Presque toutes les villes un peu importantes de la Gaule possédaient des théâtres qui avaient été élevés, à ce que l'on croit, sous les règnes d'Adrien et d'Antonin-le-Pieux : ces monuments étaient adossés à des collines sur la pente desquelles des siéges ou gradins étaient rangés en demi-cercle. Au pied de ces gradins était l'orchestre, qui répondait à ce que nous appelons le parterre dans nos théâtres actuels, et qui était sur un terrain plat, aussi bien que la scène.

Cette dernière portion de théâtre se divisait en trois parties, savoir : le *proscenium* ou *pulpitum*, avant-scène sur laquelle on jouait les drames ; la *scena*, grande façade souvent ornée de plusieurs ordres d'architecture, et le *postscenium*, où les acteurs se préparaient.

La scène était percée de trois portes. L'une au milieu, plus haute et plus ornée que les deux autres, s'appelait porte Royale ; c'était par là qu'entrait le personnage principal de la pièce, qui était censé le maître du palais : les personnages secondaires faisaient leur entrée par les deux autres portes que l'on appelait *hospitalia*, parce que ces personnages étaient supposés les hôtes ou les clients du maître du palais.

Le mur de scène faisait retour sur les côtés, et

sur ces ailes (*versuræ*) s'ouvraient deux autres portes, l'une à droite, l'autre à gauche : elles étaient supposées conduire de la campagne à la place publique, etc.

L'ensemble d'un théâtre présentait donc d'un côté la forme semi-circulaire, de l'autre celle d'un carré. On accédait aux gradins au moyen de plusieurs escaliers venant du pourtour et se dirigeant de la circonférence vers le centre, de manière à établir plusieurs divisions qui, à raison de leur forme en coin, étaient désignées sous le nom de *cunei*.

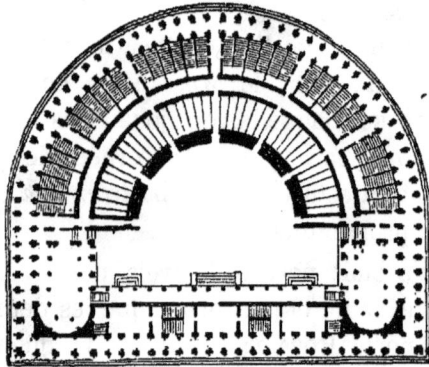

PLAN D'UN THÉATRE ANTIQUE.

Il y avait en outre, dans l'élévation de l'amphithéâtre (*cavea*) qui environne l'orchestre, deux ou trois divisions principales, indiquées par des séparations nommées *précinctions* et parallèles aux rangs de siéges. Ces divisions étaient désignées sous le nom de *cavea prima*, *cavea media*, *cavea maxima* ou *ultima*, suivant qu'elles étaient plus ou moins rapprochées de l'orchestre.

Il y avait en outre, dans beaucoup de théâtres, des ouvertures carrées, correspondant à des corridors voûtés pratiqués sous les gradins, et par où l'on pouvait se rendre aux siéges, sans être obligé de monter de l'orchestre ou de descendre de la *summa cavea*. Ces ouvertures s'appelaient vomitoires (*vomitoria*), parce qu'elles semblaient vomir les spectateurs, lorsqu'ils entraient en foule pour prendre leurs places.

Il y avait chez les anciens trois espèces de scènes: la scène tragique, la scène comique et la scène satirique.

Les décorations du théâtre étaient différentes selon le genre des pièces jouées.

Les changements de décoration avaient lieu suivant différents systèmes. On appelait les décors *ductiles*, lorsqu'ils glissaient dans des coulisses ; *versatiles*, lorsqu'ils étaient sur des panneaux tournant sur des pivots.

Plusieurs machines fonctionnaient sur la scène et secondaient le jeu des acteurs.

Comme les théâtres n'étaient pas couverts, on tendait au-dessus des murs une grande toile pour garantir les spectateurs du soleil. Ce *velarium* était fixé ou suspendu à des mâts implantés au sommet des murs. Vitruve recommande d'ailleurs de ne point exposer les théâtres au midi, et d'éviter ainsi que les rayons du soleil chauffent l'air outre mesure.

Théâtre d'Orange (Vaucluse). — Je ne connais aucunes ruines de théâtre aussi imposantes que celles du théâtre d'Orange. La scène est encore presque entière, et l'on peut facilement, par la pensée, rétablir les accessoires que cette partie du monument a perdus, surtout depuis que des fouilles, pratiquées dans le *proscenium,* ont fait découvrir, couchées sous des décombres, les colonnes qui décoraient la porte royale et le reste de la scène.

Les fûts de quatre de ces colonnes sont déposés dans le *postscenium,* où l'on a formé un musée. Deux de ces fûts en granit poli, d'un seul morceau, et à peu près entiers, ont un peu plus de 18 pieds de longueur et 2 pieds 4 pouces environ de diamètre ; les deux autres, en marbre jaune, offrent à peu près les mêmes dimensions, et l'on peut supposer que tous quatre ont fait partie du premier ordre de la scène.

Les traces des entablements existant encore et les débris de marbre blanc incrustés dans la maçonnerie montrent que, sur ce grand mur, dont

SCÈNE DU THÉATRE ROMAIN D'ORANGE.

la hauteur est de 108 pieds et la largeur de 300,
trois ordres de colonnes ont été appliqués, excepté
peut-être dans la travée au milieu de laquelle
s'ouvre la porte royale : là il pourrait n'avoir existé
que deux ordres de colonnes; l'état actuel des
arrachements semblerait au moins l'indiquer.

La façade extérieure du théâtre est décorée de

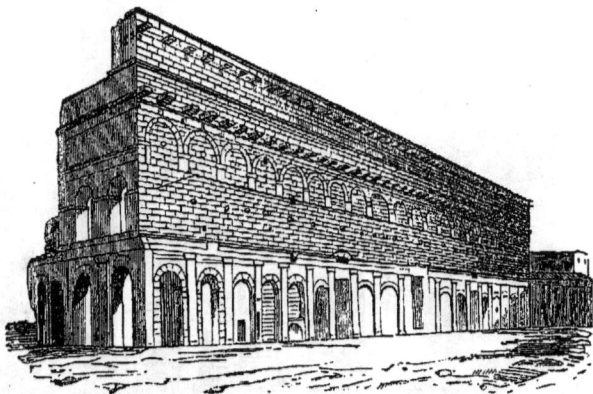

EXTÉRIEUR DE LA SCÈNE DU THÉATRE D'ORANGE.

deux rangs d'arcades, séparés l'un de l'autre par
un intervalle uni et surmontés d'un attique.

Le théâtre d'Orange est construit en blocs énormes
d'un calcaire grossier qui se trouve dans le bassin
du Rhône ; on remarque sur ces pierres les traces
d'un violent incendie. A l'intérieur de l'édifice,
existaient des escaliers, des corridors, des salles

pour les acteurs, et les dépendances ordinaires des théâtres.

La cavité du *proscenium* a été récemment déblayée. On remarque, de chaque côté des *versuræ*, quelques débris des voûtes qui supportaient les gradins ; mais le reste de la *cavea* est presque entièrement détruit.

Théâtre d'Arles. — Le grand axe du théâtre a 103 mètres de longueur. A l'est, étaient l'orchestre, pavé de marbre, et les gradins des spectateurs ; à l'ouest , se déployaient successivement le *proscenium* ou l'avant-scène, la scène proprement dite, et le *parascenium*. Les gradins, comme dans la plupart des théâtres de l'antiquité, étaient échelonnés sur un roc, dont la pente était du côté de la scène.

Le théâtre d'Autun était construit en blocage, avec revêtement en petit appareil très-soigné. Les ornements (architraves, corniches, entablements, pilastres, colonnes, etc.), étaient en grand ou en moyen appareil.

Il paraît certain que le portique extérieur du *postscenium* était orné d'une colonnade. On ne voit plus que quelques restes des gradins.

Le théâtre de Champlieu, près de Compiègne, a été récemment déblayé. En voici le plan.

J'ai cité, dans mon *Cours* et dans mon *Abécédaire*

d'archéologie, les ruines du théâtre d'Avenches

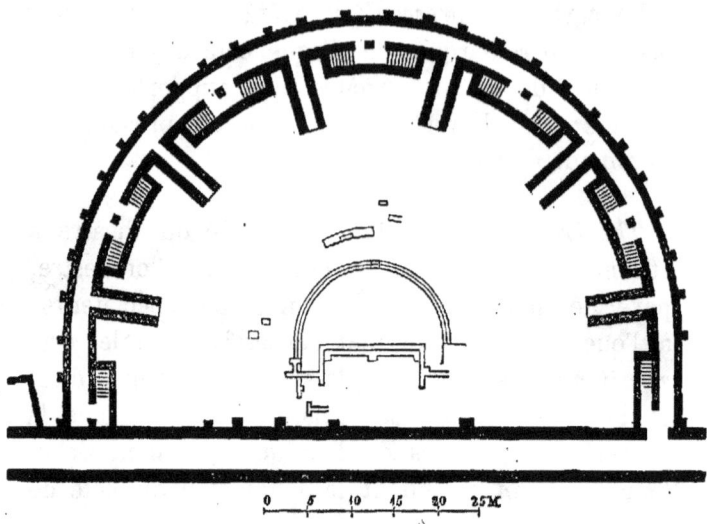

PLAN DU THÉATRE DE CHAMPLIEU.

(Suisse), de Mendeure (Doubs), de Grant (Meuse), de Vienne (Isère), de Lillebonne (Seine-Infé-rieure), de Drevant (Cher), de Lisieux, de Va-lognes, de Vieux, de Chassenon , du Vieil-Évreux, de Néris et de quelques autres localités (1). Le théâtre de Fréjus a été figuré et décrit par M. Victor Petit dans le *Bulletin monumental.*

_____

(1) V. *Abécédaire d'archéologie* (ère gallo-romaine), chap. viii.

AMPHITHÉATRES.

De tous les monuments romains existant en Gaule, les amphithéâtres sont ceux qui offrent encore les ruines les plus imposantes et les plus colossales. C'étaient, comme l'indique l'étymologie du mot *amphithéâtre,* deux théâtres placés en face l'un de l'autre et laissant entre eux un espace vide de forme ovale, destiné aux combats des gladiateurs et des bêtes féroces. Cet espace prenait le nom d'*a-rène,* à cause du sable qu'on y répandait pour faire disparaître le sang des hommes et des animaux.

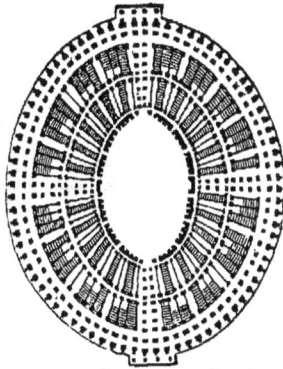

PLAN D'UN AMPHITHÉATRE.

Les gradins étaient disposés autour de l'arène, de sorte que de tous côtés les spectateurs pouvaient jouir du spectacle. Dans les amphithéâtres, comme dans les théâtres, ces siéges étaient divisés horizontalement par des précinctions ou *baltei,* et verticalement par des escaliers formant ces subdivisions cunéiformes dont nous avons précédemment parlé. Les gradins reposaient sur des voûtes rétrécies vers l'arène, s'élargissant et s'élevant à mesure qu'elles s'approchaient de la

galerie ou portique formant le contour de l'édifice. Ces voûtes, inclinées vers le centre et évasées
à l'extérieur, étaient superposées les unes aux
autres, et formaient plusieurs étages dans les amphithéâtres à plusieurs précinctions.

La coupe suivante montre clairement cette dis-

position d'un grand amphithéâtre, ses précinctions
et l'effet produit au milieu des gradins par les vomitoires de la *cavea*. Une autre coupe, offrant
une portion de l'amphithéâtre d'Arles, montre
comment les grands escaliers partant des galeries
étaient conduits à l'intérieur de la *cavea*. (V. page
suivante.)

Dans l'arène, il y avait des combats de gladiateurs, des combats d'hommes et d'animaux, et
des combats d'animaux entre eux.

COUPE DES ARÈNES D'ARLES.

Au jour du combat, les gladiateurs étaient conduits en procession autour de l'arène ; puis on les
disposait par paires, en mettant ensemble ceux
qui étaient à peu près de force égale. Le signal
du combat était donné par un chœur de trompettes.

On distinguait plusieurs classes de gladiateurs, suivant les armes qu'ils employaient pour l'attaque et la défense (1).

Amphithéâtre de Nîmes. — L'amphithéâtre de Nîmes est le plus complet de ceux que l'on connaisse ; on ne pourrait en citer qu'un très-petit nombre d'aussi bien conservés dans d'autres pays.

En 1809, ce beau monument était encore encombré de maisons établies sur les gradins de la *cavea* ; il avait formé plus anciennement un village séparé de la ville, et au moyen-âge il servait de forteresse, comme la plupart des grandes ruines que les Romains avaient semées sur le sol de la Gaule. Mais, aujourd'hui, il est complètement débarrassé des maisons qui l'encombraient, et au milieu d'une place d'où on peut l'examiner de tous côtés et juger de l'effet de sa masse imposante.

Il est de forme ovale, comme la plupart des monuments de ce genre, et se compose d'un rez-de-chaussée, d'un étage au-dessus et d'un attique. Le rez-de-chaussée et l'étage supérieur offrent chacun un portique ouvert composé de soixante arcades, placées à égale distance les unes des autres et séparées par des pilastres de 2 pieds de

(1) Voir l'*Abécédaire d'archéologie*, chap. VIII.

front et d'épaisseur. Les arcades de l'étage supérieur sont bordées d'un parapet, destiné à garantir les personnes qui marchaient dans la galerie.

L'attique est assez bien conservé et peu orné. On y voit cent vingt consoles placées deux à deux, à égale distance, entre les pilastres. Au milieu de chacune de ces consoles est pratiquée une ouverture ronde, où l'on insérait les poteaux destinés à soutenir le *velarium*.

Le grand diamètre de l'amphithéâtre, de l'orient à l'occident, est de 405 pieds ; le petit, de 317 pieds. Le grand diamètre de l'arène est de 229 pieds ; le petit, de 142. A chacune des extrémités de ces diamètres se trouve une porte conduisant dans l'arène ; celle qui est ouverte à l'extrémité méridionale du petit axe est plus étroite que celle qui lui est opposée. D'une de ces portes principales à l'autre, en suivant le pourtour du monument, on compte quinze arcades.

L'amphithéâtre de Nimes est bâti en belles pierres de taille, qui ont toutes des dimensions vraiment prodigieuses.

Amphithéâtre d'Arles. — Il y a quelques années, l'amphithéâtre d'Arles était, comme celui de Nîmes, entièrement encombré de chétives maisons. La population la plus pauvre de la ville s'était aménagée sous les arcades et sur les gradins de la

EXTÉRIEUR DES ARÈNES D'ARLES.

cavea; il y avait même une petite église au milieu de cette espèce de faubourg, qui renfermait
dit-on, près de 1,500 habitants. Aujourd'hui, le
monument est complètement déblayé.

Il offrait à l'extérieur, comme celui de Nîmes,
deux ordres superposés, surmontés d'un attique.
Le premier ordre était orné de pilastres doriques,
et le second de colonnes corinthiennes en demi-
relief. L'attique est maintenant détruit, ainsi que
l'entablement du second ordre. Chacun des deux
étages qui restent était percé de soixante arcades,
et quatre de ces arcades, placées aux extrémités
des deux axes de l'ellipse, faisaient saillie sur les
autres et servaient d'entrées principales. Les
soixante arcades de chaque étage ne sont pas
d'égale largeur, irrégularité commune à la plupart
des monuments romains.

La longueur du grand axe de l'édifice est de
420 pieds, du nord au sud ; celle du petit axe,
de 309, de l'est à l'ouest. L'arène offre, pour son
grand diamètre, 209 pieds, et, pour le petit diamètre, 119 pieds.

Une chose particulière à l'amphithéâtre d'Arles,
c'est que des galeries souterraines régnaient au-
dessous et alentour du *podium*.

Le *podium* est à 14 pieds environ au-dessus du
sol de l'arène. Le mur de soutènement, qui l'é-
lève à cette hauteur, est percé, dans sa partie

inférieure, de huit issues conduisant des galeries souterraines dans l'arène, et, dans la partie supérieure, de quatre portes correspondant aux quatre grandes issues qui partent de la galerie extérieure.

L'amphithéâtre d'Arles était construit en belles pierres de grand appareil, posées sans ciment, comme celui de Nîmes. Ces deux amphithéâtres sont les seuls qui nous restent en France, formés de si beaux matériaux.

Amphithéâtre de Bordeaux. — L'amphithéâtre de Bordeaux, auquel on donne vulgairement le nom de *Palais Galien*, mais que les titres du moyen-âge désignent sous celui d'*Arènes*, offrait des murs en blocage revêtus extérieurement de petites pierres dont les dimensions sont constantes pour la hauteur, mais varient pour la largeur. Des cordons de briques, espacés d'environ 80 centimètres les uns des autres, dessinaient des lignes horizontales de couleur rouge sur les pierres grises de ce revêtement. Les cintres des arcades étaient formés de pierres cunéiformes alternant avec des briques posées de champ.

A l'extérieur, le monument offrait deux étages surmontés d'un attique. Il avait 62 pieds de hauteur.

Ce qui frappe dans la décoration du monument, c'est le parti qu'on a tiré de la brique pour figurer les moulures et les saillies des entablements. Les chapiteaux des pilastres sont formés de briques, et cette opposition de la couleur rouge sur le gris de la pierre a dispensé d'un travail plus difficile,

UNE DES GRANDES ENTRÉES DES ARÈNES DE BORDEAUX.

en produisant autant d'effet que des reliefs, même assez considérables.

On connaît des vestiges plus ou moins remarquables d'amphithéâtres à Périgueux, à Poitiers, à Tours, à Saintes, à Trèves, à Cimiez près Nice, à Orange, à Vienne, à Avenches, à Metz, à Besançon, à Autun.

On en voyait aussi des vestiges à Reims, à Beauvais, au Mans, à Angers; à Poitiers, à Saint-Bertrand-de-Comminges, à Narbonne, à Bourges, à Tintiniac.

Dans quelques amphithéâtres romains comme ceux de Gennes (Indre-et-Loire) et de Chenevières (Loiret), dont il reste encore des ruines considérables, un côté du *podium* restait dégagé, et les gradins se développaient en éventail autour de la moitié seulement de l'arène.

Le plan ci-joint (p. 132) montre la disposition de l'amphithéâtre de Chenevières. Du côté du chemin de Châtillon à Montargis, le terrain est droit et l'on arrive sur la crête du *podium;* l'arène est à près de 6 pieds en contre-bas.

Les amphithéâtres de ce genre coûtaient beaucoup moins à établir que les amphithéâtres complets, car, la pente d'un coteau une fois murée et disposée en amphithéâtre, il suffisait de bâtir le *podium* du côté qui restait découvert. On pouvait facilement transformer ces amphithéâtres en théâtres avec quelques dispositions pour figurer la scène ; c'étaient donc des monuments mixtes, qui durent être nombreux

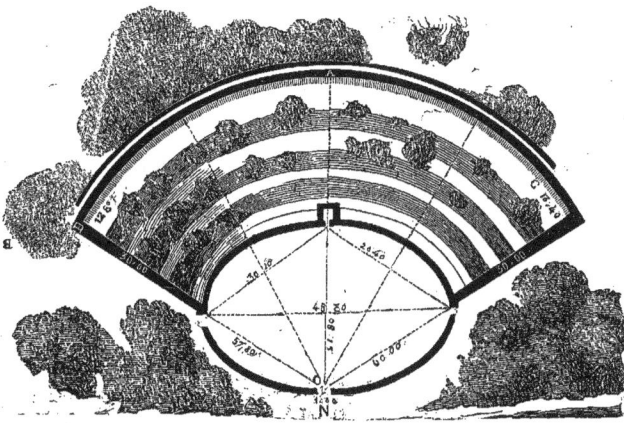

PLAN DE L'AMPHITHÉÂTRE DE CHENEVIÈRES (LOIRET).

en Gaule, quoiqu'on n'en ait pas signalé, que je
sache, d'absolument semblables. Il est vrai que les
monuments romains ont été si légèrement explorés,
si mal vus le plus ordinairement, qu'il en reste beaucoup à décrire à nouveau.

BAINS.

Il y avait chez les Romains plusieurs espèces
d'établissements dans lesquels on se baignait, et que
l'on connaissait sous les noms de *thermæ*, de *lavacra*
et de *balnea*.

Les *thermes* étaient de vastes édifices qui contenaient non-seulement des bains, mais encore des
portiques et des promenades plantées d'arbres, des
salles où les philosophes et les rhéteurs faisaient
des leçons publiques et lisaient leurs ouvrages, où
l'on s'exerçait à la lutte, etc., et que l'on appelait
gymnases.

On citait, parmi les plus magnifiques de Rome,
ceux d'Agrippa, de Néron, de Titus, de Caracalla,
d'Antonin, de Dioclétien, dont il subsiste encore des
restes considérables.

Mais il ne faut pas chercher de pareils établissements dans toutes nos villes de la Gaule : nous
n'y trouvons souvent que des *lavacra* ou des *balnea*

4*

d'une dimension médiocre, auxquels ont été parfois réunies quelques-unes des dépendances des gymnases.

Ces édifices étaient plus ou moins grands, selon qu'ils étaient ouverts au public d'une ville populeuse ou simplement destinés à l'usage d'une petite localité ou d'une seule famille.

L'*apodyterium* était une salle de toilette, où l'on déposait ses vêtements avant de se baigner.

L'*Aquarium* contenait un réservoir, dans lequel l'eau était reçue et pouvait se clarifier avant de se distribuer dans l'édifice.

Le *vasarium* tirait son nom de trois grands vases ou réservoirs remplis d'eau chaude, d'eau tiède et d'eau froide.

Le *laconicum*, étuve chauffée par un hypocauste, avait quelquefois l'une de ses extrémités terminée en demi-cercle (1), et dans laquelle on trouvait un disque d'airain |par l'abaissement ou l'élévation duquel on pouvait augmenter l'intensité de la chaleur ou la diminuer.

Le *tepidarium* était, d'après Vitruve, une étuve moins chaude que la précédente et en contact avec elle.

_____

(1) Vitruve recommande d'arrondir cette partie des bains, afin que la vapeur chaude soit renvoyée d'une manière plus égale vers le centre, après s'être répandue dans l'appartement. (V. Vit., liv. V, chap. x.)

Un autre appartement était consacré au bain d'eau chaude, qui se prenait dans des espèces de baignoires (*labra*).

La petite cour ou le vestibule qui précédait le fourneau de l'hypocauste s'appelait le *propnigeum* ou le *præfurnium*.

La partie froide du bain se composait du *frigidarium*, salle non chauffée dans laquelle on demeurait quelques instants avant de sortir, de peur d'être incommodé par un changement trop subit de température ;

De la *piscina natalis* ou *frigida lavatio*, réservoir d'eau froide dans lequel les personnes robustes se baignaient après le bain chaud et dont on faisait surtout usage en été ;

De l'*eleothesium*, où l'on se faisait frotter avec de l'huile ou des parfums.

Une curieuse peinture à fresque, tirée des thermes de Titus à Rome, et qui représente l'intérieur d'un bain, fait comprendre la disposition des pièces qu'on remarquait habituellement dans ces établissements.

On y distingue, sur le premier plan, deux salles sous lesquelles règne un hypocauste avec son feu allumé (V. la page suivante).

L'une de ces salles paraît être la *concamerata sudatio*, ou étuve voûtée dans laquelle on suait.

On voit dans cette salle un petit fourneau dont la voûte était fermée par le bouclier d'airain qui s'éle-

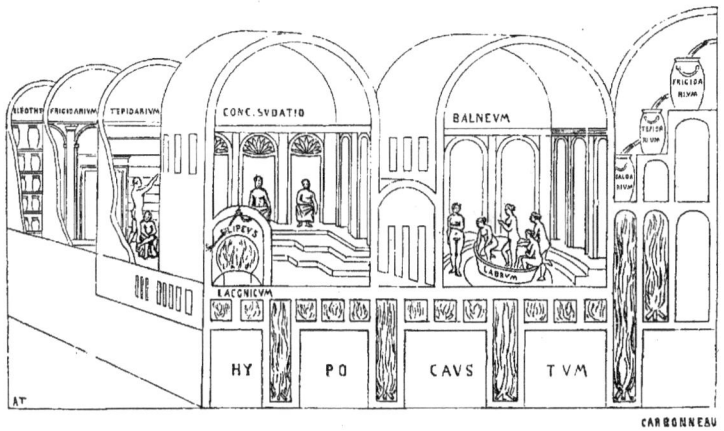

ESQUISSE D'UNE PEINTURE A FRESQUE DANS LES BAINS DE TITUS.

vait à volonté au moyen d'une chaîne, de manière à laisser sortir plus ou moins de vapeur chaude.

Près du *laconicum* est la salle du bain, qui n'en est séparée que par un corridor. On y voit plusieurs personnes dans une grande baignoire (*labrum*); tout autour sont des siéges établis le long de la muraille.

Plus loin est représenté le *vasarium*, avec les trois grands vases placés à des niveaux différents : le premier ou le moins élevé contenant l'eau bouillante; le second l'eau tiède, et le troisième l'eau froide.

Au second plan, et derrière l'étuve à suer, se voit la salle appelée *tepidarium*.

Au-delà du *tepidarium* on distingue la salle froide (*frigidarium*), qui dans quelques bains servait aussi, à ce que l'on croit, d'*apodyterium*;

Et, au dernier plan, l'*eleothesium* ou salle des parfums.

Examen comparatif de quelques bains.

Quoique l'on suivît en général les mêmes principes pour la construction des bains, il ne faut pas croire qu'ils fussent tous de la même forme : ils durent varier selon l'emplacement qu'on pouvait y consacrer, selon l'importance des cités, suivant le caprice de ceux qui les faisaient bâtir dans leurs maisons. Aussi, pour avoir une idée exacte de ces monuments, est-il nécessaire d'examiner et de comparer quelques-uns de ceux qui ont été découverts sur différents points.

Bains de Verdes. — Les bains explorés à Verdes (Loir-et-Cher), par M. le marquis de Courtavel et M. le comte Dufaur de Pibrac, sont assez complets pour être d'abord cités : nous retrouvons d'ailleurs la même succession de pièces dans un très-grand nombre d'autres bains, ce qui montre parfaitement le système suivi par les architectes gallo-romains.

Si j'ai bien compris la destination des appartements dont on voit encore l'arasement des murs à Verdes, on entrait par deux cours allongées ou corridors G K, dans les salons P S. Ces deux belles salles sont encore pavées de mosaïques qui pourront subsister, grâce aux toitures que M. le marquis de Courtavel a fait construire. De ces deux salons on passait dans le vestibule B, et de là dans le salon D, dont le pavé reposait sur un hypocauste. La salle qui suit (C) était évidemment plus chaude que la précédente ; car le fourneau placé en F dans la petite cour voisine donnait immédiatement sous le pavé, et la chaleur de l'hypocauste ne passait dans l'espace D, qu'après avoir circulé sous le pavé de cette pièce (C). Elle offrait d'ailleurs deux absides, dont une avait encore ses murs garnis de tuyaux

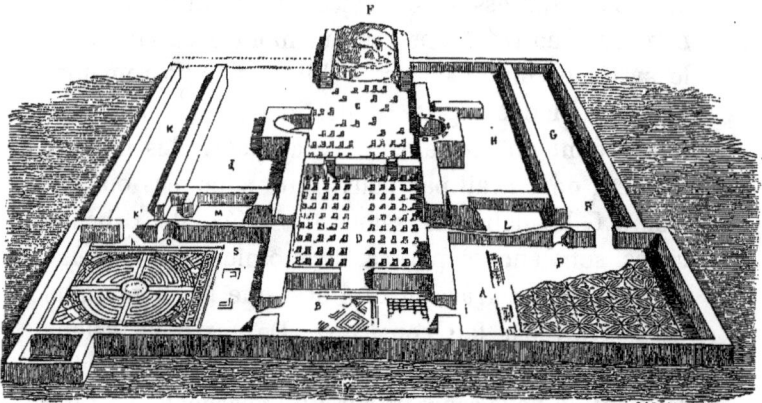

LES BAINS DE VERDES, VUS A VOL D'OISEAU.

de chaleur quand j'ai visité Verdes; c'est là, vraisemblablement, qu'était l'*étuve* ou *sudatorium.*

On trouve le même ordre dans tous les bains,
c'est-à-dire une première salle à côté du fourneau,
recevant, par conséquent, la chaleur la plus intense;
puis une seconde, dont l'hyocauste ne recevait la
chaleur que par les ouvertures qui le mettaient en
communication avec celui de la première pièce;
et, enfin, des appartements non chauffés par des
hypocaustes, espèces de salons par lesquels on entrait et on sortait (A B P S).

A Verdes, deux baignoires très-curieuses, et qui
probablement renfermaient de l'eau froide (M L),
étaient en communication par un couloir avec la
salle D; chacune d'elles avait en S et en R son réservoir d'eau alimenté par un petit canal *k' k".*

Ainsi, rien n'est plus régulier, plus symétrique
que le bain de Verdes; les cours H et I pouvaient
être ornées de gazons ou renfermer le combustible
nécessaire pour le fourneau des hypocaustes.

Chacun des salons (S P) offre une niche semi-
circulaire, qui pouvait avoir renfermé une statue.

Bains de Landunum, près de Laigne (Côte-d'Or).
— Le bain découvert à *Landunum,* il y a quelques
années, nous montre la même succession de pièces
que celui de Verdes (V. la page 142).

Ainsi le vestibule D, pavé, dit-on, en mosaïque,

et au centre duquel on a trouvé un piédestal qui
peut-être avait porté une statue, accédait à un beau
salon (n° 8), dont les pavés en mosaïque étaient
presque intacts quand je les ai vus, en 1851, avec
M. Challe et M. l'ingénieur en chef, Mondot de La
Gorce, d'Auxerre. De là on entrait précisément,
comme à Verdes, dans une série de salles à pavés
suspendus, chauffées par un hypocauste, et dont
une (n° 7) offrait, d'un côté, une niche semi-
circulaire, de l'autre une niche carrée *d c,* dans
lesquelles il y avait eu vraisemblablement des baignoires.

La salle n° 6 devait être la plus chaude, parce que
le fourneau de l'hypocauste débouchait au centre ;
on voyait aussi des tuyaux de chaleur dans les
murs.

Le fourneau de l'hypocauste s'ouvrait dans la petite cour n° 4. Avant de déboucher dans la salle
n° 6, il chauffait trois réservoirs, revêtus en ciment *f f,* et dans les murs desquels on a trouvé des
conduits de chaleur. L'état de ruine dans lequel je
les ai vus ne m'a pas permis de savoir si ces trois
chambrettes en forme de baignoires étaient des ca-
binets pour suer. Je pencherais à les regarder plutôt
comme des réservoirs d'eau chaude pour le bain,
eau qui pouvait être distribuée dans les baignoires
plus ou moins éloignées, au moyen de tuyaux en
plomb.

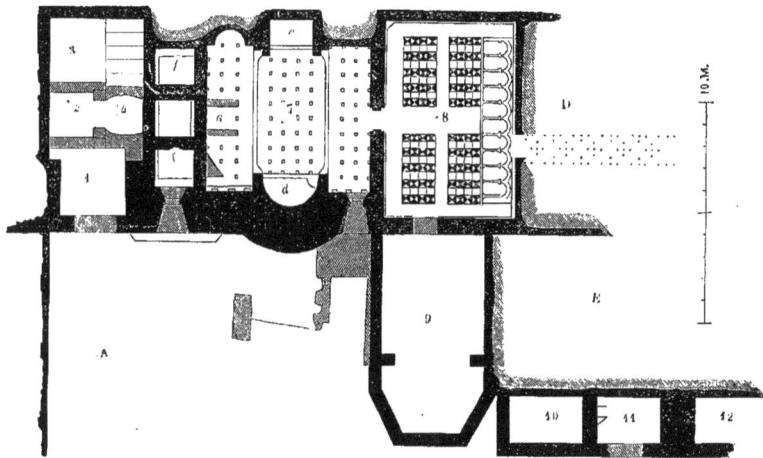

PLAN DES BAINS DE LANDUNUM (CÔTE-D'OR).

Les salles E, et nᵒˢ 9, 10, 11, étaient des dépendances dont je n'oserais indiquer absolument la destination, mais qui devaient être employées au service de l'établissement.

Les bains de Drevant (Cher), ceux d'Alonnes, près du Mans, dont on possède un beau plan en relief au musée archéologique du Mans, et surtout les bains de Badenwillers sur la rive droite du Rhin, dans le duché de Bade, sont, avec quelques autres décrits dans mon *Abécédaire d'archéologie romaine*, des exemples excellents de la disposition habituelle des bains publics.

Les bains privés, qui pouvaient être aussi considérables dans certaines maisons spacieuses et dans les maisons de campagne des riches Gallo-Romains, étaient aussi quelquefois de très-petite dimension. Le petit bain que l'on voit encore bien conservé, dans l'enceinte du *castrum* de Jublains, est un des plus petits que j'aie rencontrés.

PALAIS.

Presque toutes les villes un peu importantes avaient un palais destiné au logement des empereurs, lorsqu'ils venaient dans ces villes, mais plutôt pour leurs représentants, les intendants ou fonctionnaires chargés de l'administration du pays.

Les palais , qui devaient offrir des dispositions analogues à celles des grandes maisons privées, en différaient surtout par leur étendue, leurs péristyles, leurs cours et leurs dépendances diverses. Les plus considérables , comme le palais de Trajan à Lyon , se liaient à un *forum* , près duquel était une basilique où l'on rendait la justice, et quelquefois à des thermes.

Tel était le palais de Dioclétien, à Spalatro en Dalmatie, dont les colonnes et les murs sont encore debout, et qui comprenait dans plusieurs grandes divisions : un temple , une basilique , un prétoire , indépendamment des logements impériaux.

Maisons de ville.

Nous allons maintenant donner quelques notions sur la disposition des constructions privées.

On appelait *prothyrum*, dans les maisons de ville, le passage par lequel on pénétrait dans l'intérieur (V. la pl. et la p. 147, n° 2).

On trouvait dans ce passage la loge du portier (*b*), *cella ostiarii* , et quelquefois une autre pièce qui servait de vestibule dans quelques habitations de médiocre étendue.

L'*atrium* était une galerie carrée (3), ayant au centre une cour découverte (*impluvium*), au milieu de laquelle un bassin (*compluvium*) recevait les eaux pluviales (D).

L'*atrium* était décoré de peintures de famille ;

le maître de la maison y recevait ses clients. Il y
avait plusieurs sortes d'*atrium*.

L'*atrium* toscan, que l'on a trouvé à Pompeï dans
un grand nombre de maisons, et qui était presque
le seul usité dans les premiers temps, avait sa toiture soutenue par quatre poutres se croisant à angles
droits : cette toiture inclinait de tous côtés vers le
centre de la cour.

La même disposition existait dans l'*atrium* *té-
trastyle;* seulement quatre piliers ou colonnes, placés
aux angles de l'*impluvium*, supportaient les poutres
du toit à leurs points de jonction.

Dans l'*atrium* corinthien, les colonnes de support
étaient beaucoup plus nombreuses, et l'*impluvium*
plus spacieux. Cet *atrium* était en usage pour les
grandes maisons.

L'*atrium* *displuviatum* avait ses toits inclinés en
sens inverse des précédents, de manière à déverser
les eaux pluviales en dehors de la maison, au lieu
de les conduire dans l'*impluvium*.

Enfin, dans l'*atrium* *testudinatum,* la cour centrale était couverte d'un toit un peu plus élevé que
celui des galeries, à peu près comme ceux que nous
voyons dans nos marchés couverts.

Dans les maisons importantes, comme celle dont
le plan est placé page 147, il y avait autour de la
galerie de l'*atrium* des appartements destinés à
divers usages, ayant tous leur issue dans cette ga-

5

lerie, et dont quelques-uns servaient de *triclinia* ou de salles de festin (C C C).

A l'extrémité de l'*atrium*, en face du *prothyrum*, étaient le *tablinum* (4) et deux autres pièces plus petites, appelées *ailes*, communiquant avec lui (5-6). Le *tablinum* et les ailes renfermaient l'image des ancêtres, les livres, les archives et les papiers concernant les affaires du propriétaire, ainsi que les documents relatifs à la charge qu'il exerçait.

Le *péristyle* offrait, au-delà du *tablinum*, une galerie garnie de colonnes, comme celle de l'*atrium* corinthien (17-17), mais dont le développement était plus considérable. Des appartements étaient distribués autour de ces galeries (18-19); un espace carré, entièrement découvert et planté de fleurs et d'arbustes, devait offrir, au centre, l'image du préau de nos cloîtres d'abbayes.

Les *œci* correspondaient à nos salons.

L'*exèdre* était une autre grande salle de conversation.

On trouvait aussi parfois, dans les habitations des gens riches, un jeu de paume, *sphæristerium*, et des salles destinées à d'autres jeux.

Le BAIN, composé ordinairement d'un *apodyterium*, d'un *frigidarium*, d'un *tepidarium*, d'un *sudatorium* et d'un *eleothesium;*

La *basilique;*

La *pinacothèque* ou galerie pour les tableaux;

Les *cuisines* et les *officines* pour la préparation du pain (V. le plan);

Les *écuries*, les *remises* et les *magasins;*

Enfin un nombre plus ou moins considérable de

PLAN D'UNE GRANDE MAISON DE VILLE ROMAINE.

chambres à coucher et de logements de domestiques.

Voici maintenant le plan d'une maison infiniment moins considérable que la précédente, dans laquelle nous ne trouvons ni toutes les dépendances ni la régularité des grandes habitations privées : il montrera comment les demeures se modifiaient suivant le besoin de la famille et ses facultés pécuniaires; c'est une des maisons de Pompeï, dont Mazois a donné la description et que j'ai visitée moi-même.

Elle ne se compose que de cinq ou six pièces, disposées en-deçà et au-delà de l'*atrium*.

L'entrée ou *prothyrum* n° 1 conduit dans un *atrium* n° 2, appelé *displuviatum*, c'est-à-dire qui déversait ses eaux en dehors de la maison. On avait pratiqué, dans l'épaisseur du mur de l'*impluvium* n°s 3, 4, des encaissements pour y planter des fleurs.

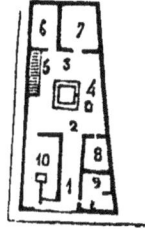

Un escalier de bois (n° 5) conduisait à l'appartement qu'occupaient le maître du logis et sa famille. Quoique l'escalier soit entièrement détruit, il est facile de reconnaître comment la rampe était faite, car l'artiste l'a répétée sur le mur.

Les pièces 6, 7, étaient destinées à recevoir les étrangers et les amis. L'esclave qui veillait à la garde du rez-de-chaussée devait coucher dans la pièce 8, où il se tenait aussi pendant le jour. La cuisine (9), placée sur le corridor, était fort petite.

Maisons de campagne (villæ).

Il paraît que les plus belles maisons de campagne romaines n'avaient qu'un étage ; que, du reste, elles ne différaient pas essentiellement de celles de la ville et se composaient à peu près des mêmes parties, mais différemment placées, et sans doute d'une manière beaucoup plus arbitraire, suivant que le terrain, la beauté des sites, l'importance de l'exploitation rurale et plusieurs autres causes engageaient à développer plus ou moins telle ou telle partie de l'édifice.

Columelle distingue trois parties dans une maison de campagne ayant son exploitation rurale, et la plupart des *villæ* gallo-romaines devaient être dans ce cas. Ces trois parties étaient :

La *villa urbana*, ou habitation du maître ;

L'*agraria*, ou habitation des laboureurs et des animaux nécessaires à l'exploitation ;

La *villa fructuaria*, où l'on déposait les moissons et les autres fruits de l'exploitation.

Les parties annexées à la seconde cour, et appelées *agrariæ* ou *fructuariæ*, offraient moins d'intérêt sous le rapport de l'art que la *villa urbana*. C'étaient les dépendances de la ferme ou de l'exploitation rurale, *villa agraria*.

Au centre de la cour de celle-ci, on voyait, comme à présent, une mare ou *compluvium* pour baigner les

bestiaux. Autour de la cour étaient disposés la cuisine, les logements pour les esclaves, les étables à
bœufs (*bubilia*), à brebis (*ovilia*); les écuries
(*equilia*). On trouvait aussi dans la basse-cour les
poulaillers (*gallinaria*), des étables à porcs *(haræ)*.

On peut citer comme dépendances de la *villa
fructuaria*, qui était tantôt séparée, tantôt unie à
l'*agraria*, les celliers *(cellæ)*, les greniers à blé
(horrea), les fruitiers (*apothecæ*), etc.

Les vestiges des *villæ* ou des maisons de campagne, élevées sous la domination romaine, ont été
trouvés en grand nombre. On n'a pas toujours, comme
dans les villes, bouleversé le sol qu'elles avaient
occupé, ce qui a permis d'explorer les soubassements qui restent sous terre. MM. les instituteurs
pourront encore, dans certaines localités, surveiller
les découvertes de ces fondations qui auront lieu par
suite des travaux de terrassement, les défrichements
ou autres modifications de terrain.

J'ai décrit un très-grand nombre de *villæ* dans
mon *Abécédaire d'archéologie* et dans le *Bulletin
monumental*. Je me borne à présenter ici un de
ces plans, celui de la *villa* de Bignor en Sussex
(Angleterre). Elle se compose de deux cours: l'une(A),
plus vaste que l'autre, entourée de murailles assez
épaisses, qui ne formaient point un angle droit avec
celles de la seconde cour. Le mur de l'est avait
277 pieds anglais de longueur, celui du nord 385

pieds, et celui du sud 322. Cette cour, qui représentait la *villa rustica*, renfermait plusieurs constructions d'une grande dimension, dont aucune
n'offrait de peintures ni de pavés en mosaïque.

L'autre cour (V. le plan, point B), qui formait
évidemment la *villa urbana*, était entourée de
pièces richement ornées et presque toutes pavées
en mosaïque.

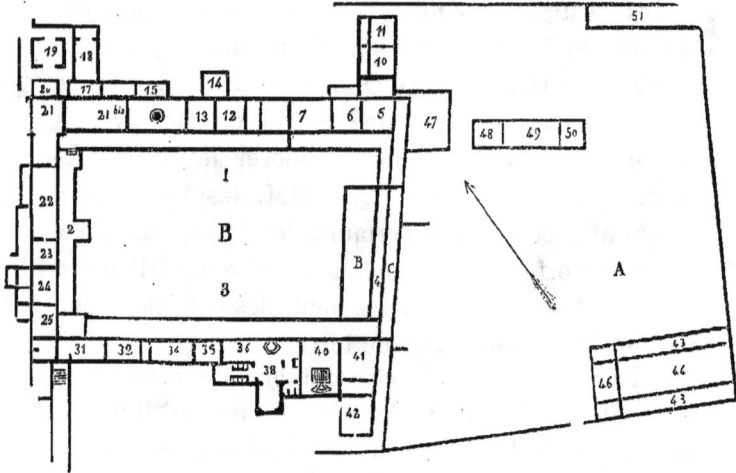

VILLA URBANA.　　　　VILLA RUSTICA.

Un corridor ou crypto-portique (1, 2, 3, 4) faisait
le tour du carré et servait à accéder aux appartements ; la longueur de ce corridor était de 160
pieds, de l'est à l'ouest.

Une grande partie de ces corridors était pavée en mosaïque.

Le long du crypto-portique septentrional existaient des appartements (n⁰ˢ 5, 6, 7, 8, 9, 10, 11, 12, 13) auxquels nous ne nous arrêterons pas, et dont j'ai donné les mesures dans mon *Cours d'antiquités monumentales*, p. 111, t. III.

Dans le n⁰ 14, on voyait une mosaïque de 8 pieds en carré offrant des compartiments rhomboïdaux et triangulaires.

Le n⁰ 15, une des plus belles pièces de la *villa*, avait 19 pieds sur 30, avec une grande alcove de 12 pieds, ce qui lui donnait 32 pieds pour toute la longueur du nord au sud; le pavé était une mosaïque très-remarquable, dont un des tableaux représentait l'enlèvement de Ganymède.

Au milieu de l'appartement et au centre du plus grand compartiment circulaire de la mosaïque, on voyait une citerne formée de pierre blanche et de 4 pieds de diamètre, au fond de laquelle existait un trou garni d'un tuyau de plomb.

Cette salle et l'appartement voisin étaient chauffés par un hypocauste dont le fourneau s'ouvrait en dehors, au pied du mur.

Le n⁰ 19 était, d'après la supposition de M. Lissons, un *atriolum* ou petite cour garnie de colonnes.

Les appartements rangés du nord au sud (21, 22, 23, 24, 25) étaient, pour la plupart, ornés de pein-

tures et pavés en mosaïque. Dans le n° 22, on trouva
une cheminée de 31 pouces d'ouverture et de 17
pouces de profondeur ; des briques liées ensemble
avec du fer et fixées de chaque côté du foyer formaient les parois latérales. Une autre cheminée semblable fut trouvée dans l'appartement n° 23.

Une suite d'appartements moins intéressants que
les précédents régnaient au sud jusqu'au n° 35.
Ceux qui venaient ensuite avaient fait partie d'un
bain.

Après la salle des étuves venait celle du bain froid
(n° 40), qui avait 35 pieds sur 30. Le pavé en était
presque entièrement conservé, et se composait de
pierres blanches et noires de 6 pouces sur tous sens,
disposées en échiquier.

Le bain se trouvait à peu près au milieu de l'appartement. C'était un réservoir ayant presque 18
pieds de l'est à l'ouest, et 3 pieds 2 pouces de profondeur. On y descendait par trois marches du côté
de l'est, de l'ouest et du nord.

La belle salle (n° 41) placée à l'est de la précédente offrait un carré de 35 pieds, mais un peu
irrégulier, à cause de la direction diagonale du mur
de l'est. On y remarqua un pavé en mosaïque mieux
conservé que tous les autres.

On trouvera dans les divers volumes du *Bulletin
monumental*, collection que la plupart des archéologues possèdent dans leurs bibliothèques, une

vingtaine d'autres plans de *villæ* auxquels je renvoie pour l'étude plus approfondie de ces constructions.

Disons seulement, en terminant, que la plupart de ces *villæ* ont dû être construites dans les Ier, IIe et IIIe siècles de l'ère chrétienne, à en juger par les médailles trouvées dans les ruines, et que quelques-unes ont dû être abandonnées dès le IVe siècle.

MONUMENTS FUNÈBRES.

Après avoir décrit les édifices dans lesquels nos ancêtres entouraient leur vie du confortable de la civilisation romaine, l'ordre naturel me conduit aux monuments qui recouvraient leur dépouille mortelle.

Bien que dans quelques familles l'inhumation des corps ait persisté, l'usage de les brûler a été assez général à Rome avant la conquête de la Gaule, et dans ce dernier pays, au Ier et au IIe siècle de l'ère chrétienne.

Le bûcher funèbre (*rogus* ou *pyra*) était formé de bois susceptible de s'enflammer facilement; on le faisait plus ou moins élevé, suivant le rang des personnes. Le corps était placé sur une espèce de lit ou de banc, et les parents du défunt, après lui avoir adressé un dernier adieu, allumaient le feu avec une torche, en détournant le visage.

Le bûcher consumé, on répandait du vin sur les

cendres du défunt, afin qu'elles pussent être recueillies plus facilement, et ces derniers débris du corps humain étaient soigneusement renfermés dans une urne que l'on confiait immédiatement à la terre avec certains vases de différentes formes et grandeurs, que l'on plaçait autour d'elle, et qui contenaient des liquides ou quelques mets offerts aux mânes.

Les urnes en terre cuite découvertes dans un très-grand nombre de cimetières sont de la plus grande simplicité, le plus souvent en terre grise ; elles ne se recommandent guère que par leurs formes, en général pures et gracieuses. Les plus ornées portent seulement des filets entre lesquels on a tracé des hachures. Quelques-unes sont cannelées sur

toute leur hauteur ; d'autres, couvertes de moulures nattées, de guillochis, etc., etc. Les formes les plus ordinaires sont celles que voici (*a*, *b*, page 155); on les retrouve dans tous les cimetières.

Les urnes en verre, beaucoup plus rares que les urnes en terre, ont dû être employées pour des personnes riches. Elles affectent quelquefois la forme des urnes en terre, mais plus ordinairement celle d'un grand flacon à cou rond, muni d'une ou de deux anses, dont le corps est tantôt rond, tantôt carré.

CH.DIETRICH sculp

URNES EN VERRE, AU MUSÉE DE TOURS.

Les urnes les plus remarquables sont en cuivre battu et ciselé ; elles sont assez rares. Une urne de cette espèce, découverte à Villeromain (Loir-et-Cher), est déposée dans le musée de la ville de Tours.

L'orifice des urnes était fermé avec un couvercle, quelquefois avec une assiette retournée, et souvent avec un morceau de brique ou d'ardoise, ou avec une pierre plate.

On trouve assez ordinairement, près des urnes, des coupes de différents genres et de petits vases à cou étroit et allongé, espèces de bouteilles de formes

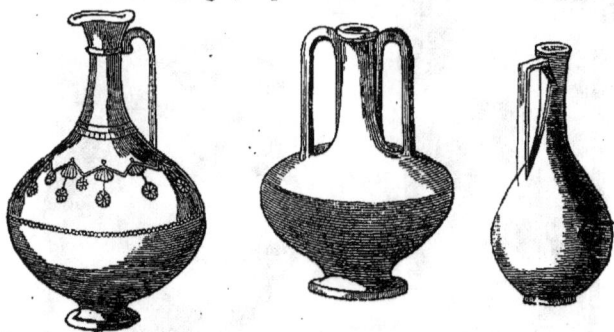

assez variées, la plupart en terre rouge, que l'on suppose avoir renfermé du vin, du lait, ou quelque liqueur offerte aux mânes du défunt.

Sans doute beaucoup d'urnes ont été confiées à la terre sans être renfermées dans des coffres ; mais beaucoup aussi ont dû être garnies d'une enveloppe. Si le bois employé le plus souvent à la fabrication de ces boîtes est pourri depuis longtemps, leur primitive existence paraît prouvée par la présence des

clous qui en liaient les différentes parties , et que
l'on trouve souvent autour des urnes. Il est probable que les urnes en verre ou en cristal , qui appartenaient à des morts d'un certain rang , ont
toutes été renfermées dans des coffres , soit en bois,
soit en pierre. Quelques-uns de ces derniers, retrouvés dans plusieurs cimetières, étaient de deux

pièces et assez spacieux pour contenir, avec l'urne
cinéraire, les vases accessoires dont j'ai parlé.

Enfin, on construisait quelquefois sur place, et au moment même de l'inhumation, le coffre ou l'abri qui devait protéger l'urne cinéraire.

Tandis que les cendres du pauvre étaient renfermées dans les poteries les plus simples, accumulées dans des cimetières et sans que rien en indiquât la place, les personnes de la classe moyenne avaient au-dessus de leur urne un cippe, et les plus opulentes un monument plus considérable encore. En général, les monuments somptueux étaient rangés le long des voies qui accédaient à la ville.

Les pierres tumulaires, ou stèles, affectaient différentes formes ; quelques-unes portent des inscriptions et parfois l'image du défunt (V. la figure, p. 159).

J'ai décrit dans mon *Cours d'antiquités* et dans le *Bulletin monumental* un certain nombre de cimetières gallo-romains, dans lesquels on a pu examiner avec soin la disposition des urnes ; je ne puis que renvoyer à ces détails curieux qui prendraient trop de place dans un abrégé.

On ne peut trop recommander l'exploration des cimetières romains. Des travaux publics ou privés en révèlent souvent l'existence au milieu des campagnes, dans des terrains incultes surtout, où les urnes n'avaient point été déplacées et où elles étaient depuis longtemps oubliées.

Quelques tombeaux sortent de la classe ordinaire et ce sont des monuments importants, tels que celui d'Igel près de Trèves, celui de Lanuejols près de Mende, figurés dans le *Bulletin monumental*, celui de St-Rémy dont voici l'esquisse (V. la page suivante) et beaucoup d'autres.

Le monument pyramidal de St-Rémy, l'ancien *Glanum*, est un édifice composé de trois ordres ou étages superposés, ayant environ 50 pieds de hauteur. Le premier étage carré, formant piédestal, est couvert de bas-reliefs sur ses quatre faces, et des pilastres sans piédestaux ornent les quatre angles.

Le second étage est aussi carré, et percé de quatre

arcades portant sur des pilastres ; aux angles, on remarque quatre colonnes corinthiennes cannelées ; la frise est ornée d'arabesques dans lesquelles on distingue des chevaux marins ailés, des sirènes, etc., etc.

Le troisième étage, de forme circulaire, offre un toit conique porté sur dix colonnes corinthiennes, et ressemble ainsi à une lanterne ou à un petit temple rond monoptère : sous cette espèce de coupole sont placées deux statues debout : l'une d'homme, l'autre de femme.

On ne peut douter que cette pyramide ne soit un monument funéraire ; car, sur la frise du deuxième étage, orientée au N.-E., on voit cette inscription :

MONUMENT DE SAINT-RÉMY.

SEX L M IVLIEI C F PARENTIBVS SVEIS

que l'on a lue ainsi : *Sextus Lucius Marcus Julii curaverunt fieri parentibus suis.* Les deux statues représenteraient ainsi le père et la mère des *Julius* qui ont élevé la pyramide.

Inhumations. — Pour les corps qui n'étaient pas incinérés, on les inhumait dans des sarcophages en pierre, quelquefois dans des cercueils en plomb, protégés par un coffre en bois ou même par un coffre de pierre, comme on l'a constaté à Rouen.

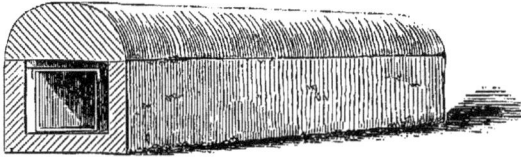

SARCOPHAGE AU MUSÉE DE ROUEN.

Sur les nombreux sarcophages païens qui existent encore à Arles sont représentés l'*ascia* et le niveau. Quelques-uns ont une inscription sur le couvercle, mais l'inscription est le plus ordinairement sur le milieu du coffre, comme on le voit dans le sarcophage trouvé à Châlons-sur-Saône et décrit par M. de Chizy dans le *Bulletin monumental.* (V. la page suivante.)

Ces inscriptions sont toujours pleines d'intérêt, et en fait de sentiment, les anciens n'ont rien à envier

ET MEMORIAE AETERNVE
PISONIS ASCLEPIODOTVS VNLENTA
RIVS... IRAVGCCCCLVIGVIA VSSIBIPOSV
TET SEVERIAE S B VERA CONIVGI ARISSI
MAE CVM QVEM VIVET ANNIS XXXV SINE
VLLA ANIMI LAESIONE VICTVRIQ VAM
DIV DEVS ARDERIT PONENDVM CVRA
VERVNT ET SVB ASCIA DEDICAVERVNT

ΛT   1 m   CH.DIETRICH.SC

aux peuples modernes : si nous voulions comparer une série d'inscriptions païennes, nous pourrions le prouver facilement. Voici une épitaphe qui montre la sensibilité d'une mère pleurant sa fille :

O douleur ! que de larmes amères ont arrosé ce sépulcre dans lequel gît Lucine. Lucine, la douce joie de sa mère. Oui, elle est là, sous ce marbre glacé. Plût aux Dieux que l'esprit l'animât de nouveau, elle saurait combien grande est mon affliction. Elle a vécu 27 ans, 10 mois et 25 jours. Parthénoque, mère infortunée, je lui ai élevé ce monument.

Les Aliscamps nous en présentent d'autres qui se distinguent par leur philosophie et dont le sens a été souvent traduit par la philosophie chrétienne : telles sont les deux inscriptions suivantes :

D. M.

FVI, NON SVM ; ESTIS, NON ERITIS ;
NEMO IMMORTALIS.

*Je fus, je ne suis plus ; vous êtes, vous ne serez plus ;
personne n'est immortel.*

On en cite une autre à St-Gilles, à quelques lieues d'Arles, qui nous montre que chez les Romains, *comme chez nous,* les héritiers étaient plus zélés pour recueillir les rentes de leurs parents que disposés à leur élever des tombeaux ; de sorte qu'un homme prudent se faisait construire quelquefois un tombeau

de son vivant, pour être plus sûr de n'être point
oublié.

D

LVCIVS GRATIVS EVTICHES
DOMVM AETERNAM
VIVVS SIBI CVRAVIT
NE HAEREDEM ROGARET.
TAVTA.

M

Lucius Gratius Eutichès s'est construit,
vivant, cette maison éternelle,
pour ne pas prier son héritier
de lui rendre ce service.

Vers la fin de la domination romaine, quand le
christianisme fut solidement établi en Gaule, l'inci-
nération des corps était complètement abandonnée.
Les sarcophages chrétiens en marbre sont faciles
à distinguer des sarcophages païens, par leurs sculptures symboliques et souvent par les scènes bibliques
qui les décorent.

Le midi de la France en renferme une centaine ;
Arles, Marseille, Narbonne, Toulouse en possèdent
dans leurs musées, et Bordeaux en a non-seulement dans le sien, mais encore dans sa crypte de
St-Seurin. Plusieurs de ces tombeaux appartiennent
plutôt à l'époque mérovingienne qu'à l'époque romaine proprement dite. Néanmoins, il y en a peut-
être de l'époque des fils de Constantin.

Poteries.

Les débris de poterie sont ceux que l'on rencontre
le plus souvent dans les localités qui ont été habitées
sous la domination romaine.

Les poteries les plus remarquables par leur forme,
leur finesse et leur belle conservation, sont les poteries rouges couvertes d'un vernis brillant, de la
nuance de la cire à cacheter, et souvent ornées de
figures en relief. Elles se rencontrent en grande
quantité dans tous les lieux qui ont eu quelque importance sous la domination romaine. Il est fort
rare, il est vrai, de trouver des vases entiers; mais
on peut juger, par ces fragments, de la forme et des
dimensions des vases auxquels ils ont appartenu.

Les vases de poterie rouge, dont j'ai remarqué
les débris à Bordeaux, à Poitiers, à Tours, à Angers, à Saumur, à Beauvais, à Orléans, à Jublains,
à Bayeux, dans le midi de la France et dans plus
de trois cents localités que je pourrais citer, présentent à peu près les mêmes formes : ce sont des
vases globulaires, des écuelles ou jattes de différentes grandeurs, des bols (p. 168, fig. B), des coupes
à pied, des compotiers, de petites tasses, des coque-
tiers, des plats ronds de différentes grandeurs, à
rebords saillants (p. 168, fig. A), des assiettes, des
soucoupes, etc., etc.

QUELQUES SPÉCIMENS DE VASES GALLO-ROMAINS.

On peut en conclure que la belle poterie rouge
servait principalement pour la table, pour la toilette, etc.

La forme des vases est en général très-correcte ;
ceux qui sont ornés de figures ont été formés dans
des moules, ce qui explique l'état fruste de quelques-
unes ; l'intérieur est uni ; on y remarque seulement
quelques cercles concentriques formés au tour. Au

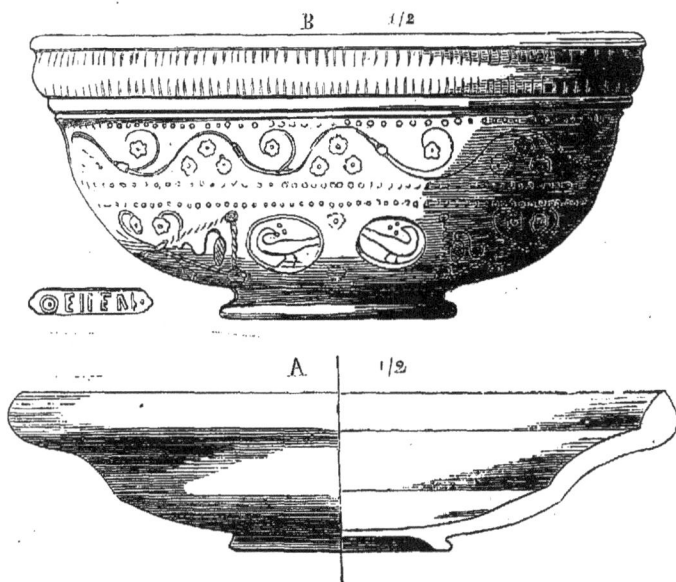

fond du vase se trouve presque toujours le nom de
l'ouvrier ou du fabricant, imprimé avec une espèce
d'estampille ou de cachet (V. la page suivante).

Ces noms sont très-souvent au génitif, tantôt précédés ou suivis des lettres *o* ou *of*, pour *officina;* comme ceux-ci : *of. Severi , Bassi , of., o. Croci ,*

DAAO AARTIS AARTIALISF

AALLVRO AEAINA OFPARIC

QVINTILIANY SILLVANIM

Crassi o.; ce qui veut dire que les vases sortent de l'officine ou de la fabrique de Severus, de Bassus, de Crocus, de Crassus, etc., etc.;

Tantôt suivis du mot *manu,* écrit en toutes lettres ou en abrégé, comme dans ces deux inscriptions : *Priscilli manu , Silvani m.;* de la main de Priscillus, de Silvanus, etc.

Quelques-uns étaient d'une seule pièce, et le vase qu'on y moulait ne pouvait être extrait qu'après la retraite de la terre, c'est-à-dire après la diminution de volume opérée par la dessication de l'argile, et qui permettait aux reliefs de sortir des creux du moule.

Mais la plupart ont dû être de deux ou de plusieurs pièces. Il eût été impossible de former, dans des moules d'un seul morceau, des vases à renflements.

Si les fabricants de poterie imprimaient leurs noms au fond des vases , les artistes qui composaient les moules et les sujets qui devaient paraître en relief

5*

à l'extérieur, inscrivaient aussi les leurs dans les moules.

M. Hucher, qui a publié des études intéressantes sur les poteries dans le *Bulletin monumental*, est porté à trouver des noms d'*artistes, fabricants de moules*, dans ceux qui sont placés à l'extérieur, au milieu des figures.

Poterie noire.—Les poteries noires sont plus rares que les rouges; mais on les rencontre souvent avec elles. Elles sont revêtues d'un beau vernis couleur d'ébène, et la pâte, un peu moins compacte que celle de la poterie rouge, est grise, blanchâtre, quelquefois rougeâtre.

Poterie bronzée.—J'ai trouvé dans plusieurs localités de petits vases très-légers, d'une terre rouge ou jaunâtre, mêlée de grains de quartz, couverts d'un vernis irisé très-mince.

Terres rougeâtres, grises, brunes, blanchâtres, etc.—Des terres plus ou moins fines et de différentes couleurs ont été employées à fabriquer des plats, des assiettes, des vases de différentes formes destinés à divers usages, des bouteilles, etc., etc.

Dans les vases destinés à contenir des liquides, comme nos bouteilles, nous trouvons., soit en poterie rougeâtre, soit en poterie grise ou en poterie

blanche, des formes très-élégantes, dont quelques-
unes ont persisté jusqu'à nous.

Les vases suivants, tantôt en terre rougeâtre,
tantôt en terre grise, ressemblent beaucoup à ceux
dont on se sert encore et que l'on nomme *terrines*.

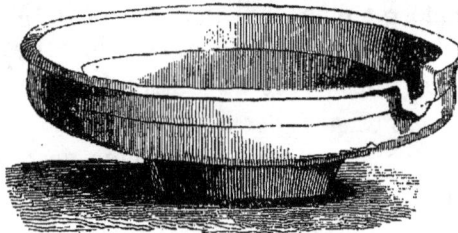

Ils se rencontrent, aussi bien que les suivants,

dans nos campagnes, partout où l'on trouve des

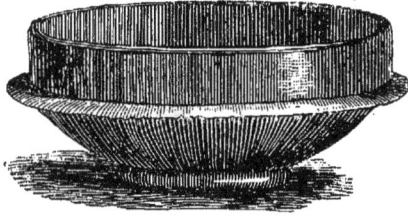

tuiles et des vestiges | d'habitations romaines.

Figurines en terre cuite.

Les petites statues en terre cuite blanchâtre accompagnent, assez souvent, les débris qui signalent
l'emplacement des constructions gallo-romaines ;
elles appartiennent aussi à l'art du potier.

On rencontre surtout fréquemment la figure de
Vénus Anadyomène, et ces statuettes se ressemblent
si bien toutes, qu'elles paraîtraient avoir été faites
dans le même moule ; elles sont complètement nues,
la tête garnie d'une chevelure bien fournie. De la
main droite elles tiennent leurs cheveux ; de la main
gauche elles soutiennent une draperie.

Les figurines que j'ai rencontrées le plus souvent,
après les Vénus, représentent une femme assise
dans un fauteuil en natte d'osier et allaitant un ou
deux enfants. MM. Rever et Langlois les ont si-

gnalées, il y a longtemps, comme l'image de La-
tone, et d'autres antiquaires comme celle de Lucine.
M. Rever pense que ces figures étaient des *ex-voto*,

soit pour les femmes désirant obtenir un heureux
accouchement, ou reconnaissantes de ce qu'elles
l'avaient obtenu, soit pour des mères qui allaitaient

leurs enfants, et qui offraient ces *ex-voto* à la déesse invoquée par elles dans cette circonstance.

L'image de Mercure se rencontre aussi assez souvent parmi les statuettes en terre cuite.

Mais toutes les figurines antiques que l'on rencontre n'étaient pas destinées à reproduire l'image des divinités ; on moulait, comme on fait de nos jours, un grand nombre de sujets profanes, de caricatures, de jouets d'enfant, etc. Parmi ces derniers, on peut citer des figures d'oiseaux, d'animaux divers, de bélier, de sanglier, etc., et ces hochets

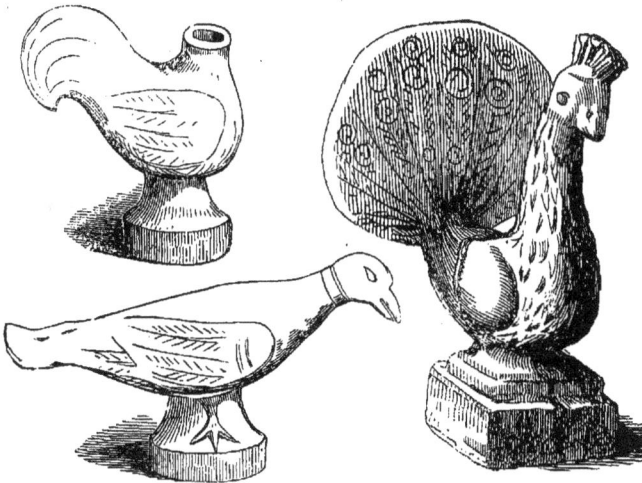

qui ont été trouvés dans tant de localités diverses, et qui se composent d'un petit globe en terre cuite renfermant des cailloux libres et produisant l'effet d'un grelot.

Objets en métal, Bijoux, Ustensiles, etc.

On a fabriqué en cuivre une grande partie des vases que l'on faisait en terre, notamment des plats, des bassins, des bouteilles, des préféricules.

On en a même fait de splendides en argent, avec des figures au repoussé : témoins les magnifiques vases découverts à Berthouville, près Bernay, il y a trente ans, et qui sont aujourd'hui déposés à la Bibliothèque impériale ; témoins les ustensiles de toutes formes, en bronze, qui existent dans tant d'autres collections : les agrafes, les fibules, les bijoux si variés que l'on y trouve, montrent à quelle perfection les Romains étaient parvenus dans le travail des métaux, des pierres précieuses, de l'ivoire, etc., etc. Je ne puis m'occuper ici de la description de toutes ces richesses artistiques, car il faudrait un volume et des figures pour en donner une idée.

Les objets en métal et les restes les plus précieux de l'antiquité ont d'ailleurs été décrits par Caylus, Montfaucon, Grivaud de La Vincelle, Winckelmann, Dom Martin, par M. Chabouillet, de la Bibliothèque impériale, et d'autres savants antiquaires : je ne pourrais que répéter ce qu'ils ont dit.

Par la même raison, je ne dois point parler des médailles romaines dont l'étude, si utile et si importante, demanderait bien plus de temps que je ne

pourrais y consacrer dans un ouvrage aussi élémentaire que celui-ci.

J'ai voulu, dans un tableau rapide, faire connaître seulement les principaux monuments d'architecture appartenant à l'ère gallo-romaine, et les
débris qui jonchent le plus souvent le sol habité à
cette époque.

Je n'ai point parlé des camps ou enceintes en
terre présumées romaines ; je renvoie, pour ce qui
les concerne, au chapitre XI de mon *Abécédaire
d'archéologie romaine.*

MURS DE DÉFENSE OU DE FORTIFICATION.

Sans discuter ici la question de savoir à quelle
époque remontent les murailles qui défendaient les
cités gallo-romaines, nous devons en faire mention,
car ce sont encore des restes très-importants de
cette grande époque. Sens, Tours, Jublains, Bourges, Le Mans, Dax, Bayonne, Fréjus, et beaucoup
d'autres villes nous montrent encore des restes considérables de leurs enceintes gallo-romaines. Ce sont
presque toujours des murailles en blocage avec parements de petit appareil et chaines de briques, dont
les parties basses sont formées quelquefois de pierres
de grand appareil ayant fait partie de monuments
d'architecture, qu'il fallut vraisemblablement sacrifier
pour la défense.

·Il y a plus de trente ans que, dans mon *Cours d'antiquités monumentales* (1830), j'insistais sur ce grand
fait, que les historiens n'ont aucuns connu, qu'ils
ignorent presque tous encore; je signalais; dans
presque toutes nos villes gallo-romaines (Sens, Le

FRAGMENT DES MURAILLES GALLO-ROMAINES DU MANS.

Mans, Bourges, Dijon, Châlons, Bayeux, Rennes,

Vannes, Brest, Nantes, Angers, Tours, Poitiers, Bordeaux, Périgueux, Dax, Bayonne et dans bien d'autres localités encore), l'existence d'un *castrum*, dont les murs sont en grande partie formés de matériaux sculptés des II⁰ et III⁰ siècles (fûts de colonnes, frises, chapiteaux, tombeaux, etc.), et je cherchais à fixer à la fin du IV⁰ siècle l'exécution de ces grandes mesures de défense qui doivent avoir été générales.

Quoi qu'il en soit, les villes se condensèrent: il fallut restreindre le périmètre de l'enceinte à la partie la plus facile à défendre, à une étendue qui pût, avec les matériaux que l'on possédait, être promptement entourée de murailles. On pourrait citer diverses enceintes murales renfermant seulement de 3 à 10 hectares, tandis que les villes qui les ont construites en occupaient 100, 200 même, dans les temps de tranquillité.

Ces murs, qui abritèrent une petite partie de la population de la Gaule, ne purent arrêter les invasions qui la désolèrent.

Après trois siècles d'une étonnante prospérité, la Gaule vit, au IV⁰ siècle, le désordre et l'affaiblissement graduel des institutions romaines se produire. On a peine à comprendre dans quel degré d'abaissement elles étaient tombées au V⁰ siècle.

Un coup-d'œil rapide sur les événements politiques de la Gaule, depuis la seconde moitié du III⁰ siècle,

explique très-bien la marche progressive de la déca-
dence des arts au IVe. Après les invasions la misère
augmente, les abus se succèdent, l'énergie morale
diminue, les grands travaux d'architecture cessent,
le goût s'altère de plus en plus.

Pour prospérer, les arts ont besoin de paix et de
liberté : ces conditions essentielles leur manquent
au IVe siècle ; on les voit déchoir d'autant plus rapidement que les intervalles de tranquillité deviennent
plus courts et plus rares.

Cependant, de même que les institutions romaines
ne périront point avec le gouvernement romain, de
même les arts importés en Gaule par ce grand peuple
survivront à la chute de l'Empire.

« Telle est la force de cette organisation romaine,
« dit M. Michelet (1), qu'alors même que la vie pa-
« raîtra s'en éloigner, alors que les barbares sem-
« bleront près de la détruire, ils la subiront malgré
« eux. Il leur faudra, bon gré mal gré, habiter sous
« ces voûtes invincibles qu'ils ne peuvent ébranler ;
« ils courberont la tête, et recevront encore, tout
« vainqueurs qu'ils sont, la loi de Rome vaincue. »

Ce que dit M. Michelet par rapport aux institutions romaines, nous pouvons le dire pour les arts
dont le peuple-roi a doté la Gaule. Les monuments
ruinés serviront bientôt de modèles aux barbares

(1) *Hist. de France,* t. Ier.

qui arrivent sur notre sol, armés de la torche in-
cendiaire. Ces barbares se mettront à l'œuvre :
ils bâtiront à leur tour des temples, des palais, des
monastères, etc., etc.; ils puiseront, dans les traditions de leurs devanciers, des lumières pour réparer
leurs ravages. L'architecture gallo-romaine, plus ou
moins altérée aux Ve et VIe siècles, fera son chemin
par Charlemagne et ses successeurs, jusqu'à ce
qu'une révolution immense vienne, à la fin du XIIe
siècle, substituer des principes tout nouveaux aux
traditions antiques. Je vais essayer de le démontrer
dans les chapitres qui vont suivre.

CHAPITRE III.

MOYEN-AGE.—ÈRE ROMANE.

On appelle moyen-âge la période comprise entre
la chute de l'Empire romain (Ve siècle) et le commencement du XVIe siècle.

L'architecture des premiers siècles du moyen-âge
offrait les caractères de l'architecture romaine dé-
générée ; on la désigne sous le nom d'ARCHITECTURE
ROMANE : le type roman a persisté jusqu'au XIIe siècle.
Nous allons d'abord examiner, en la subdivisant,
cette longue période de l'histoire de l'art. Le roman
primitif sera compris entre le Ve siècle et le XIe ;
le roman secondaire comprendra les XIe et XIIe
siècles.

PÉRIODE ROMANE PRIMITIVE.

Après les invasions barbares, les arts et les lettres
trouvèrent un refuge dans les villes, et plus tard
dans les monastères. Les architectes approprièrent
aux besoins de l'époque une partie des édifices gallo-
romains ; ils exploitèrent l'autre comme on exploite
des carrières ; ils trouvèrent dans les colonnes, les en-

tablements, les sculptures diverses et les autres
matériaux qui jonchaient le sol, une mine qui put
longtemps leur fournir des pierres toutes taillées :
ils n'avaient, le plus souvent, qu'à les ajuster. Les
périodes mérovingienne et carlovingienne, qui ré-
pondent à peu près à la durée du roman primitif,
ne sont donc, à proprement parler, qu'une conti-
nuation de la période artistique précédente, avec
une altération plus grande des formes, résultant de
l'inhabileté croissante des ouvriers et des architectes.

Les éléments décoratifs restèrent les mêmes, les
sculptures, les marbres, les mosaïques, les peintures furent employés comme au IV⁰ siècle ; les
mêmes motifs furent copiés ou reproduits avec quelques variantes.

Malheureusement nous avons bien peu de restes
authentiques des édifices de la première période
romane ; ceux que j'ai figurés dans mes *Abécédaires
d'archéologie* sont peu nombreux, et il faut se re-
porter aux derniers temps de l'Empire, réunir men-
talement les mosaïques, les moulures d'ornement,
les peintures décoratives usitées alors, pour com-
pléter la gamme ornementale des V⁰, VI⁰, VII⁰ et
VIII⁰ siècles.

En même temps que l'on utilisait les débris pré-
existants, que l'on se logeait dans les édifices qui
avaient résisté aux ravages des barbares, il se faisait

un travail d'assimilation dont il faut tenir compte : outre que bon nombre d'édifices nouveaux devaient être indispensables, il fallait remplir les vides, raccorder les murailles et les sculptures, construire et décorer des églises neuves. Grégoire de Tours nous montre l'activité qui, de son temps, s'était développée, et cette activité, quoiqu'elle puisât ses inspirations dans les modèles romains, dut s'en écarter quelquefois. L'élément chrétien, avec sa symbolique nouvelle, ses sujets nouveaux, fit naître *une école* de sculpture et de peinture. Nous n'en voulons pour preuve que les tombeaux des premiers siècles du moyen-âge avec leurs scènes bibliques, leurs

UN TOMBEAU EN MARBRE DES PREMIERS SIÈCLES CHRÉTIENS.

figures, dont les types existaient dans les peintures des Catacombes.

Les premières églises chrétiennes ont été calquées
sur les basiliques romaines. Les basiliques étaient
des espèces de tribunaux, de bourses ou de bazars.
Deux rangs parallèles de colonnes divisaient l'édifice
en trois parties dans le sens de la longueur. La
grande nef centrale était la plus large et la plus
élevée.

A l'extrémité des trois galeries était un espace peu profond, de forme circulaire, où
s'asseyait le président ou premier juge, ayant à ses côtés
les juges assesseurs ; l'évêque y
plaça son siége et les cérémonies religieuses furent appro-
priées à la disposition du local.

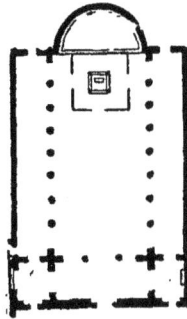

Les abbayes ou communautés religieuses furent
une imitation des grandes habitations romaines de
la ville et de la campagne, dont j'ai présenté des
spécimens pages 147 et 151 ; l'*atrium* et le péristyle
se retrouvèrent dans les cloîtres ;

Le *tablinum* ou salon dans la salle capitulaire.

Le reste fut imité des autres parties des habitations romaines avec les modifications que nécessita

la vie commune des religieux. L'Église vint seulement
apporter un nouvel élément dans la composition de
la partie centrale des abbayes ; mais la cour extérieure, avec ses granges, ses étables, ses pressoirs,
etc., etc., offrait l'image de la *villa rustica* des
Romains annexée à l'habitation.

Les palais furent disposés comme les grandes
maisons romaines ; leurs cours, garnies de colonnes
ou d'arcades comme les cloîtres, étaient, comme
ceux-ci, la reproduction de l'*atrium* et du péristyle
(V. la page 147).

Les habitations rurales des riches propriétaires
reproduisaient aussi les dispositions principales des
villæ gallo-romaines.

Nous passons rapidement sur cette première partie
de la période romane, dont il reste bien peu de
chose, pour aborder la deuxième qui nous offrira
un nombre énorme de monuments remarquables.

Nous offrons seulement dans les trois pages qui
suivent quelques fragments d'architecture et de
sculpture appartenant au roman primitif, et nous
engageons ceux qui voudront l'étudier à recourir
à notre *Abécédaire d'archéologie*, où ils trouve-
ront, avec quelques figures, des notions som-
maires sur l'état de l'art depuis le IVe siècle jusqu'au Xe.

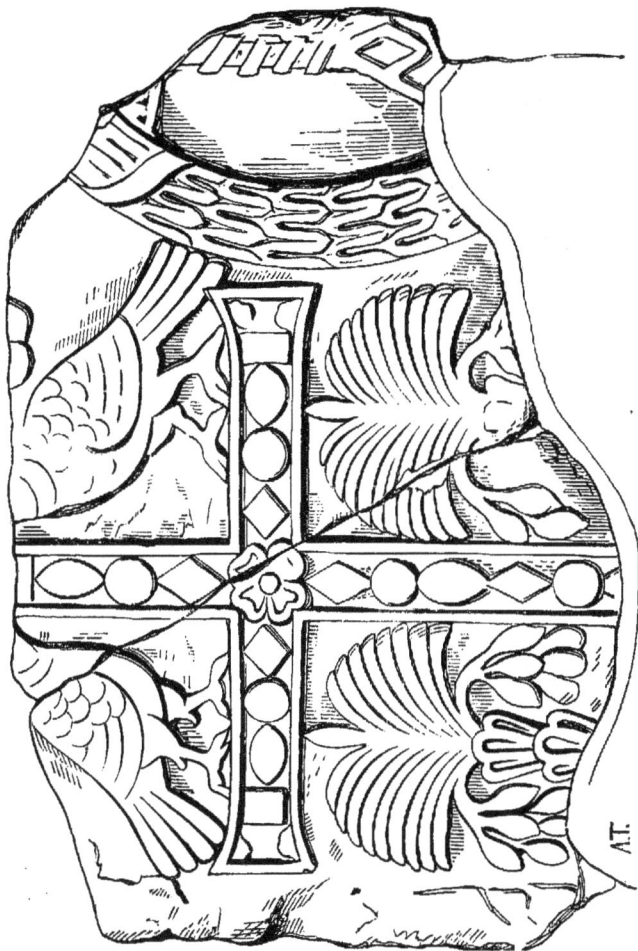

SCULPTURE MÉROVINGIENNE AU MUSÉE D'ARLES.

On voit sur ce marbre une croix ornée de pierres précieuses ; sur les bras sont perchées deux colombes buvant probablement dans un vase, sujet symbolique très-ordinaire au Ve siècle ; deux palmiers chargés de fruits symbolisent au-dessous les grâces spirituelles. Peut-être ce fragment a-t-il fait partie de la décoration d'un autel , plus probablement encore d'un sanctuaire.

AUG. THIOLLET   CH. DIETRICH SCULP

INTÉRIEUR DE LA CRYPTE SAINT-AVIT, A ORLÉANS (IXᵉ SIÈCLE ?).

COLONNES ET PILASTRES DE LA CRYPTE AVEC LEURS CHAPITEAUX.

L'ÉGLISE DE VIEUX-PONT-EN-AUGE (CALVADOS), AVEC PETIT APPAREIL ET CHAÎNES DE BRIQUES.

(Date inconnue, peut-être des VIII⁻ ou IXᵉ siècles.)

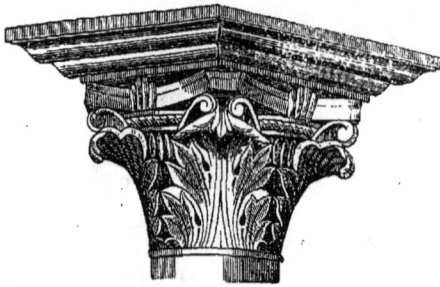

CHAPITEAU DE JOUARRE (VIIe SIÈCLE).

FRONTON DU BAPTISTÈRE DE POITIERS.   PAONS ET ANIMAUX SYMBOLIQUES.

PÉRIODE ROMANE SECONDAIRE.

Le IX⁰ siècle, si cruellement éprouvé, avait vu disparaître un grand nombre d'édifices datant de l'ère mérovingienne. Ces édifices ne devaient pas tous se distinguer par leur solidité, car les Normands paraissent les avoir bouleversés et incendiés assez facilement, et ceux qui n'ont pas été exposés à leurs atteintes offraient déjà des caractères de vétusté.

Quand on voulut réparer le mal, reconstruire ce qui était détruit, on ne trouva plus, comme au V⁰ siècle et dans les siècles qui l'avaient suivi, des fûts de colonnes, des chapiteaux, des sculptures provenant des monuments gallo-romains en ruine dont la France était alors couverte : il fallut, au X⁰ siècle, tailler de nouvelles pierres, extraire de nouveaux matériaux, sculpter plus ou moins grossièrement tous les ornements dont on voulait décorer les églises, les palais, les édifices publics ou privés : un nouvel ordre de choses devait résulter de ces nécessités nouvelles. On vit donc à la fin du X⁰ siècle, mais surtout au XI⁰, l'architecture en voie de transformation, puis marchant graduellement vers l'état de splendeur qu'elle atteignit au XII⁰ siècle.

Les sculptures provenant des monuments romains, ou assez bien imitées, avaient donné un certain éclat à l'intérieur des grandes constructions mérovingiennes et carlovingiennes : les mosaïques, les peintures et les enduits avaient dissimulé la pauvreté des matériaux.

Au XI⁰ siècle on voulut moins d'ornements intérieurs, mais plus de solidité, plus de garanties contre l'incendie : on construisit plus fréquemment en pierre, on songea même à remplacer par des voûtes les plafonds en bois qui avaient été jusque-là à peu près exclusivement en usage.

Les moines architectes et les autres artistes, libres d'innover là où de toutes pièces ils construisaient les églises et les édifices dont le besoin se faisait sentir, méditaient de nouveaux plans, des dispositions nouvelles.

Les proportions anciennes ne furent plus observées quant au module des colonnes et à leur disposition. L'astragale fit toujours partie du chapiteau, contrairement aux règles romaines. Des sculptures plus rudimentaires offrirent des séries de figures qui se développèrent en suivant, selon les écoles, des systèmes différents.

Tous ces faits, que le XI⁰ siècle présente à l'observateur, font en quelque sorte de l'époque où nous allons entrer le point de départ des développements de l'architecture telle qu'elle se présente aujourd'hui à nos yeux, dans la foule d'édifices anciens qui couvrent la France.

Je vais présenter, siècle par siècle et *parallèlement,* des types d'édifices religieux, civils et militaires, en indiquant successivement leurs caractères principaux, de manière à faire suivre sans difficulté la marche et le développement de l'architecture et des arts accessoires en France.

ARCHITECTURE RELIGIEUSE.

En traçant les caractères principaux de l'architecture religieuse de la période romane secondaire, j'embrasserai d'un seul coup-d'œil les XIe et XIIe siècles.

Les ornements du XIe siècle ont peu de relief et beaucoup de raideur.

Le XIIe siècle offre des contours beaucoup plus corrects, une ornementation plus riche, une exécution infiniment supérieure : on peut dire que l'architecture romane n'est parvenue à la perfection que dans le XIIe siècle

Forme des églises.

Comme nous l'avons dit, les églises avaient été primitivement calquées sur les basiliques, mais de bonne heure quelques-unes avaient pris la forme d'une croix, par l'addition de ce que nous appelons le transept.

La forme ordinaire des églises un peu vastes, au XIe siècle et dans les siècles suivants, était celle d'une croix dont les branches s'étendaient du nord au midi, et dont la tête était figurée par le chœur

tourné vers l'est. L'entrée
principale était à l'ouest ,
quelquefois dans les murs
latéraux de la nef. La longueur de la nef comparée
à celle du chœur, le développement plus ou moins
considérable des transepts ,
établissent dans la forme générale des églises des va-
riations très-notables. Le
chœur, plus court que la nef,
ne fournit souvent que le
tiers ou même le quart de la
longueur totale de l'édifice.

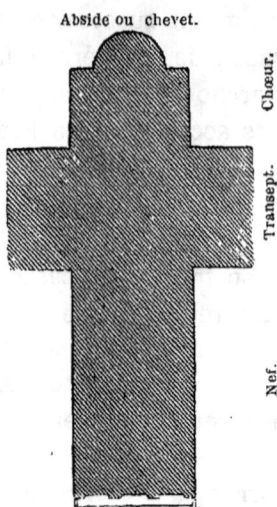

Abside ou chevet.

Chœur.

Transept.

Nef.

Tantôt les bas-côtés s'arrêtent là où commence la
courbure de l'abside, comme dans la figure ci-dessus
et B, p. 194 ; tantôt ils se prolongent autour du chœur,
comme dans la fig. A , même page. Il y a des églises
rectangulaires ou
à chevet droit.

En Allemagne ,
en Alsace, dans les
provinces rhéna-
nes , les églises se
terminent , à l'est
et à l'ouest , par
des absides |semi-

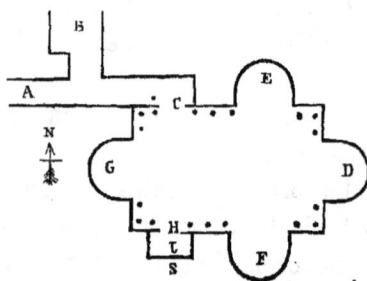

circulaires (fig. B) que l'on avait vues dans quelques
églises plus anciennes, notamment à St-Laurent de
Grenoble (V. la page précédente, A B C D E F).

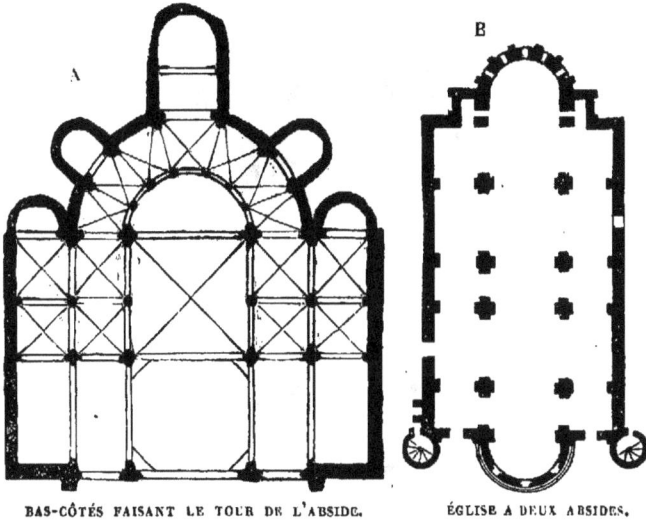

BAS-CÔTÉS FAISANT LE TOUR DE L'ABSIDE.   ÉGLISE A DEUX ABSIDES.

St-Vital de Ravenne et quelques églises plus anciennes étaient composées d'une nef de forme ronde
ou à pans coupés, entourée de bas-côtés ou galeries, et ayant à l'est un autel placé dans un appendice
appliqué sur les murs circulaires. Cette forme fut
imitée par Charlemagne, à Aix-la-Chapelle. Nous
la retrouvons dans l'église d'Ottmarsheim (Haut-Rhin)
(V. la page suivante), visiblement imitée de la
cathédrale d'Aix-la-Chapelle.

COUPE DE L'ÉGLISE D'OTTMARSHEIM (HAUT-RHIN).

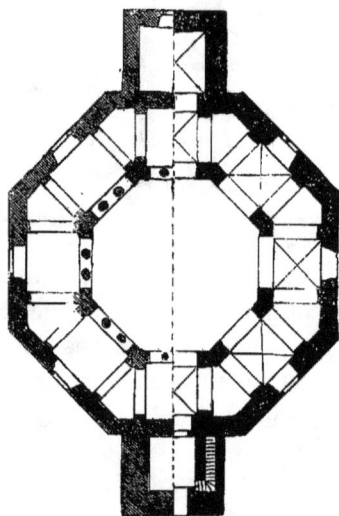

3°. ÉTAGE   REZ DE CHAUSSÉE

PLAN DE L'ÉGLISE D'OTTMARSHEIM.

On donnait ainsi à quelques églises la forme ronde ou octogone, pour imiter celle du Saint-Sépulcre de Jérusalem (Neuvy-St-Sépulcre (Indre), l'Aiguille, au Puy ; Montmorillon, Laon, Metz, etc. , etc.).

Sous le chœur de plusieurs églises il existe des cryptes ou chapelles souterraines ; quand elles sont d'une certaine dimension, les voûtes sont soutenues vers le centre par deux rangs de colonnes (1).

Quelques cryptes s'étendent sous les deux tran-septs ; on descend dans les cryptes par des escaliers ayant leurs issues dans les collatéraux, dans la nef, près de l'entrée du chœur et très-souvent dans les transepts.

Appareils.

On retrouve, aux XIe et XIIe siècles, les principaux appareils en usage dans l'architecture romane pri-mitive. Le petit appareil et le moyen se rencontrent très-fréquemment.

Quand on s'est servi de pierres plates pour le revêtement, elles ont quelquefois été rangées sur le côté et inclinées alternative-ment à droite et à gauche (*opus spicatum*). Les Romains usaient de ce procédé.

_____

(1) V. pour les détails mon *Abécédaire d'archéologie* (architecture reli-gieuse), 5e édition, p. 136.

Au XIe siècle, les appareils montrent de larges joints de ciment : ces joints sont généralement moins, épais dans le XIIe siècle.

Sur quelques appareils moyens on voit diverses figures gravées en creux : on croit que ce sont des signes de tâcherons ou de tailleurs de pierre qui auraient, à ce moyen, reconnu les pièces qu'ils avaient dégrossies.

Contreforts.

Les contreforts n'eurent, au XIe siècle, que très-peu de saillie, comparativement à ce qu'ils en acquirent dans la suite. Au XIIe siècle, ce sont souvent des piliers ornés de colonnes engagées sur les

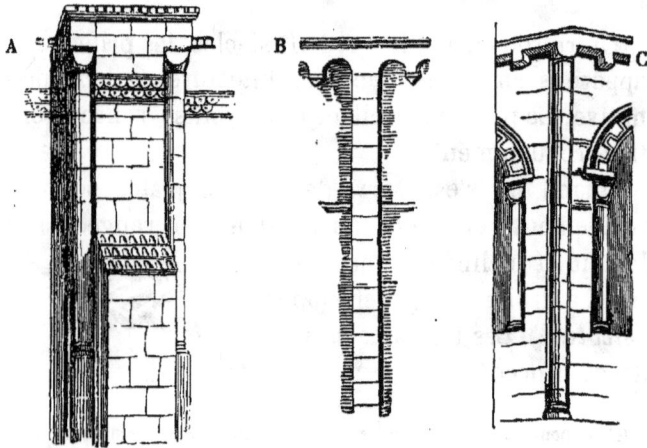

angles avec des glacis garnis d'imbrications (A).

En Italie , en Alsace, sur les bords du Rhin , etc., etc., etc., les contreforts très-plats ne consistent souvent que dans des ressauts espacés également les uns des autres (fig. B, page 197).

Ornements.

Pour abréger les explications, voici l'image de quelques moulures ornementales des XI° et XII° siècles.

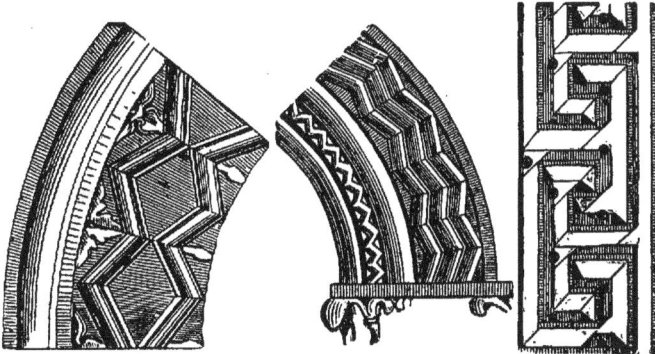

LOSANGES OU ZIGZAGS OPPOSÉS.   ZIGZAGS OU CHEVRONS BRISÉS.   MÉANDRES.

ÉCAILLES OU IMBRICATIONS

TÊTES PLATES.

TÊTES DE CLOUS.

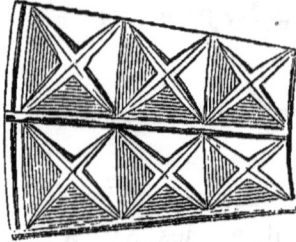

ÉTOILES.

TORSADE.

BILLETTES.

FRETTE CRÉNELÉE.

FRETTES CRÉNELÉES ET ZIGZAGS.

RINCEAUX ET TÊTES D'OISEAUX.

MOULURES NATTÉES IMBRICATIONS
ET TÊTES PLATES. LOSANGES.

FLEURONS ET RINCEAUX PERLÉS.

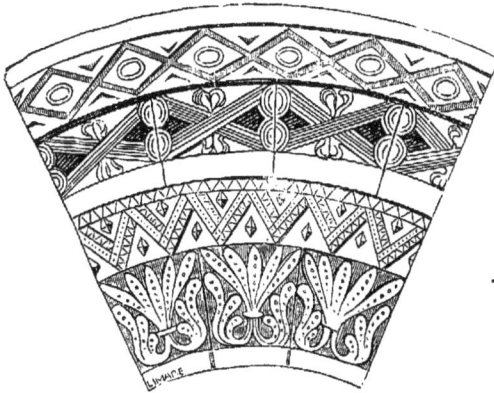

GALONS ET MOULURES PERLÉES.

ENLACEMENTS PERLÉS.

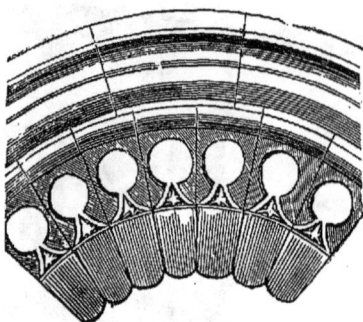

DISQUES ET MOULURES GAUFRÉES.   PALMETTES ET QUADRUPÈDES.

J'ai donné beaucoup d'autres moulures romanes dans mon *Abécédaire d'archéologie religieuse*, et je les y ai rangées par régions, de manière à réunir celles qui servaient le plus habituellement dans le même pays et qui caractérisent jusqu'à un certain point *une école*.

Des voyages multipliés m'ont permis, en effet, de comparer les édifices des diverses régions de la France, dans le but de rechercher quelles modifications le génie des architectes pouvait avoir introduites dans telle ou telle province; et, d'autre part, pour examiner s'il y avait synchronisme entre les édifices offrant, à de grandes distances, identité de types architectoniques.

J'avais, dans mon *Cours* professé publiquement en 1830, annoncé que la France pouvait être divisée en plusieurs régions monumentales, et partagé

cette riche partie de l'Europe en plusieurs grandes
divisions , savoir :

La région du Nord et de l'Ille-de-France ;
La Normandie ;
La Bretagne ;
Le Maine, l'Anjou et la Touraine ;
Le Poitou, l'Aunis et la Saintonge ;
Le Midi, depuis la Garonne jusqu'aux frontières ;
L'Auvergne ;
La Bourgogne ;
La région de l'Est ou Franco-Germanique et la ré-
gion du Sud-Est.

En réunissant la Normandie à la Bretagne et la
Touraine au Poitou, on réduirait à sept ces diverses
régions , comme le montre la carte suivante.

Ces divisions sont d'ailleurs un peu vagues, car il
est impossible d'arriver à une précision complète ;
on peut lire dans l'*Abécédaire d'archéologie* les
motifs qui ont déterminé cette classification , et
l'explication des faits résultant des circonstances
naturelles et du développement d'écoles distinctes
d'architecture.

M. Félix de Verneilh a prouvé qu'une région, dans
laquelle les voûtes en coupoles se rencontrent en
France, devait être distinguée de celles que j'avais
indiquées en 1830 , et cette réclamation est parfaitement juste. La région des coupoles embrasse

une partie de la région Poitevine et de la région du

CARTE DES RÉGIONS MONUMENTALES DE LA FRANCE AU XII⁰ SIÈCLE.

sud-ouest que l'on voit sur la carte.

Arcatures.

Les grandes surfaces ont été souvent couvertes d'arcades simulées soit avec des pilastres, soit avec des colonnes engagées : ces décorations s'appellent

ARCATURES DU XIIᵉ SIÈCLE.

arcatures : on peut juger de leur effet par le spécimen que je présente.

Portes.

De toutes les parties des édifices, ce sont les portes
qui ont été le plus ornées de moulures au XIIᵉ
siècle, même dans quelques édifices en apparence
très-modestes. Mais, au XIᵉ siècle, elles conservaient encore, pour la plupart, une grande simpli-

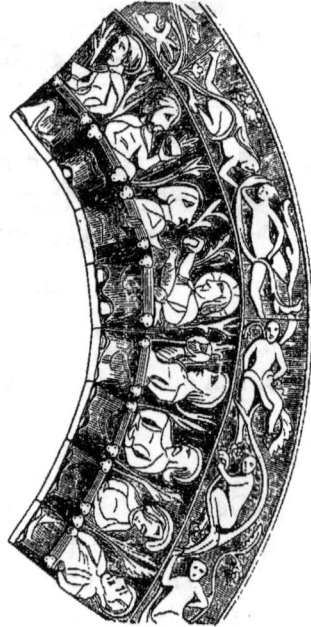

ARCHIVOLTES DE PORTES DES XIe ET XIIe SIÈCLES.

6*

cité. Ce fut au XIIe siècle que les archivoltes se
multiplièrent et qu'il fallut, par suite, proportionner
le nombre des colonnes de support à celui des voussures et donner plus d'épaisseur aux parois intérieures de ces dernières : quelques portes n'offrent
ni colonnes ni pilastres et sont ornées, depuis le

PORTE A L'ÉGLISE DE MORTAIN.

haut jusqu'en bas, avec des bordures plus ou moins
larges.

Les tympans (c'est ainsi que l'on appelle l'espace semi-circulaire compris entre l'ouverture et les archi-voltes) sont composés de pièces symétriques avec ou sans moulures ; d'autres portent des bas-reliefs : tel est le tympan de l'église St-Michel d'Antraigues, près d'Angoulême , sur lequel l'archange est représenté

terrassant l'ennemi du genre humain, sous la forme d'un énorme dragon. C'est dans le tympan des portes qu'on trouve le plus souvent la représentation du Christ, au milieu des symboles des quatre évan-gélistes.

Beaucoup de portes, aujourd'hui à découvert, ont

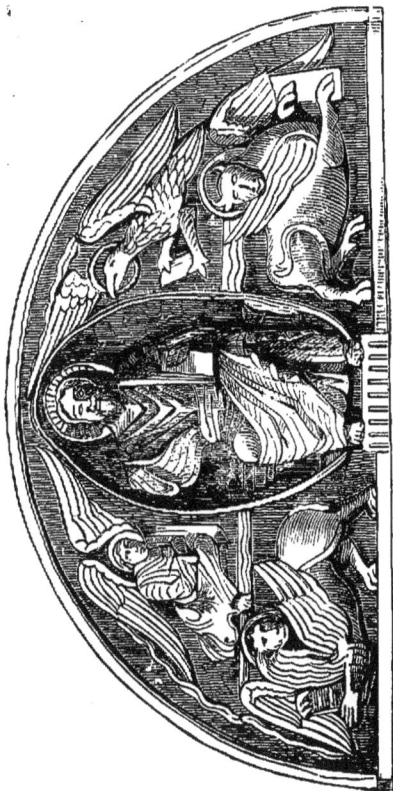

LE CHRIST DANS UNE AURÉOLE, AU MILIEU DES SYMBOLES DES QUATRE ÉVANGÉLISTES.

été originairement protégées par une toiture en
charpente : à ce moyen, on pouvait peindre les bas-
reliefs et les moulures qui, sans cela, eussent été
exposés à la pluie. Dans les grandes églises (Vézelay,

PORCHE-VESTIBULE À MOISSAC.

cathédrale du Puy, Moissac), on trouvait de grands porches en pierre qui offraient des vestibules en avant des portes. Celui de Moissac (p. 209) est un des plus beaux que nous ayons en France.

Façades.

L'ordonnance des façades varie suivant la grandeur des églises. Dans celle que l'on voit p. 211 (église rurale) la porte, à deux archivoltes garnies de têtes plates et de losanges, est surmontée d'un rang d'arcatures ; une seule ouverture occupe le centre du fronton. L'autre figure (p. 212) représente une église garnie de bas-côtés, plus importante et plus élevée que la première. Au-dessus de la porte, garnie de trois archivoltes portées sur des colonnes et ornées de diverses moulures , s'ouvre une fenêtre cintrée avec archivoltes et colonnettes. Plus haut est une corniche à modillons et un fronton triangulaire. Cette combinaison est fréquente dans les églises du XIIe siècle.

Fenêtres.

Les fenêtres les plus petites sont étroites et sans

V. Petit del.

FAÇADE DE L'ÉGLISE DE JORT (CALVADOS).

colonnes. Au XIIe siècle surtout,
elles sont plus grandes et garnies
d'archivoltes portées sur des colonnettes et parfois accostées
d'arcatures.

Les ouvertures rondes, auxquelles on a donné le nom de
roses, ne commencent qu'au XIIe

FENÊTRE ACCOSTÉE DE DEUX ARCATURES.

siècle à être divisées par des meneaux qui, partant
du centre, rayonnaient vers la circonférence et pré-
sentaient plus ou moins de rapport avec les pièces

d'une roue. La place des roses était marquée aux extrémités des transepts, au-dessus de la porte occi-

dentale, quelquefois au centre de l'abside ou du chevet.

Arcades.

Les arcades, établies pour mettre la nef en communication avec les ailes, sont disposées comme les portes ; leurs archivoltes, rarement ornées des mêmes moulures, sont le plus souvent tout unies.

Entablement.

L'entablement qui couronne les murs est habituellement porté sur des modillons figurant des têtes grotesques, grimaçantes ou d'autres figures variées. A mesure qu'on approche de la fin

du XIIe siècle, ces corniches deviennent plus légères,

et au XIIIe siècle elles finissent par ne plus offrir qu'une garniture de dents de scie.

Colonnes.

Les supports, qui avaient été souvent monocylindriques au commencement du XIe siècle, ou qui se composaient quelquefois de pilastres carrés, furent, vers le milieu de ce siècle, formés d'un assemblage de colonnes réunies en faisceau : innovation qui devait amener les colonnes s'élançant d'un seul jet depuis le pavé jusqu'aux combles et préparer l'avènement du style ogival.

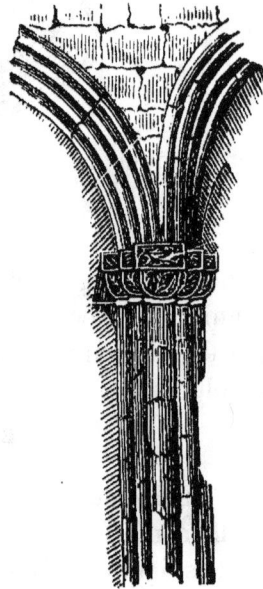

Les chapiteaux et les diverses bases de colonnes, aux XIe et XIIe siècles, ont été figurés dans mon

Abécédaire d'archéologie : nous ne pouvons que renvoyer à cette série de figures. On appelle chapiteaux
historiés ceux qui portent des sujets religieux en
bas-relief.

Voûtes.

Pendant le XIᵉ siècle, les voûtes en pierre étaient
rares pour les grandes nefs; souvent il n'y avait de
voûtés que les bas-côtés et les absides; les charpentes
restaient visibles, ou bien elles étaient cachées par
un lambris en bois.

Ce fut au XIIᵉ siècle que les architectes, plus hardis,
jetèrent des voûtes en pierre sur les grandes nefs;
mais alors il fallut modifier l'ancienne ordonnance
pour opérer la retombée des arceaux croisés dia-
gonalement qui maintinrent ces voûtes. On remarque
facilement ces sutures et les changements qui en
résultent dans nos grandes églises romanes. M. Bouet
s'est livré à des recherches approfondies sur ce
sujet; elles ont révélé des faits nouveaux et pleins
d'intérêt.

Nous trouvons dans une région de la France,
comprise entre la Loire et la Dordogne, un certain
nombre d'églises voûtées en coupole. Une coupole
représente la moitié d'une sphère. Pour établir des
coupoles sur des murs dont les divisions devaient
toujours offrir des carrés, on plaçait entre les arcs,

des pendentifs disposés de manière à former avec
eux, à la partie supérieure, le cercle horizontal qui
devait porter la coupole. Le savant M. de Verneilh
a établi, au moyen de plans, de coupes et de recherches approfondies, que toutes les églises à coupoles de France se rattachent, par l'église St-Front
de Périgueux, à la grande souche byzantine. Nous
donnons, à la page suivante, une vue des coupoles de
l'église de Souillac.

M. de Verneilh a fait connaître également les
voûtes ogivales cupoliformes qui s'abaissent non-
seulement vers les murs latéraux, mais aussi vers
l'archivolte des arcs de chaque travée dans le sens
longitudinal : ces voûtes, que M. Parker appelle
voûtes Plantagenet, parce qu'elles sont un des attributs de l'architecture du règne des Plantagenets,
ducs d'Anjou, ont été très-usitées depuis la Loire
jusqu'à la Méditerranée.

Si l'on suppose une coupole ou calotte qui se
confond avec ses pendentifs, on aura l'idée première
qui a produit le système dont nous parlons et que
M. Viollet-le-Duc définit : *une coupole hémisphérique pénétrée par quatre arcs en tiers-point.* On
fortifia ces voûtes sphériques aplaties avec des
nervures ou arceaux croisés, portant sur les angles
du carré, et avec d'autres qui se croisaient dans l'intervalle des premiers en s'arrêtant au sommet de
chaque grand arc.

7

Ces voûtes sphériques à double croix de nervures

Jules de Verneilh del.

VUE INTÉRIEURE DE L'ÉGLISE DE SOUILLAC.

ont tenu une grande place dans l'art national des XIIᵉ et XIIIᵉ siècles. M. Viollet-le-Duc les a étudiées dans leurs origines et leurs développements et en a fait une longue analyse dans son *Dictionnaire d'architecture :* nous devons nous borner ici à les signaler.

Mais, pour revenir aux voûtes des XIᵉ et XIIᵉ siècles en général, beaucoup furent construites en berceau, c'est-à-dire composées de demi-cylindres continus reposant sur les murs ou les piles, et que l'on renforça par des arcs-doubleaux en pierre de taille parallèles aux berceaux ; la poussée de ces voûtes était grande et les accidents très-fréquents. Alors on croisa les arcs-doubleaux, pour diviser la pression et la diriger sur les piles régulièrement espacées. Les murs latéraux furent considérablement soulagés par cette combinaison, que la figure suivante fera parfaitement comprendre, en rendant ainsi les panneaux des voûtes jusqu'à un certain point indépendants les uns des autres. Ce système détermina l'agroupement des colonnes suivant des combinaisons qui seront facilement comprises, et qui avaient pour but de supporter les arcs-doubleaux.

Tours.

Tout porte à croire qu'on n'éleva guère de tours pour suspendre les cloches avant le VIIIᵉ siècle, et elles durent consister souvent dans un édicule surmontant le toit à proximité du sanctuaire, afin

VOUTES DU XIIe SIÈCLE, AVEC ARCS-DOUBLEAUX CROISÉS.

de pouvoir sonner facilement pendant le saint sacrifice, sans s'éloigner de l'autel. Plus tard, comme à
Vieux-Pont en Auge, on accola la tour à l'église
entre chœur et nef. Dans les grandes églises une

tour fut placée au centre du transept, puis on en
éleva d'autres à l'extrémité occidentale de la nef.
Cette disposition des tours était déjà, au XIIᵉ siècle
et vers la fin du XIᵉ, consacrée pour les grandes
églises abbatiales (St-Étienne de Caen, Jumiéges,
etc., etc.).

Les tours romanes étaient du reste de forme
carrée, terminées par une pyramide à quatre pans
soit en pierre, soit en charpente : cette pyramide
était le plus souvent obtuse. Un très-grand nombre
de pyramides élancées, que l'on voit sur les tours
romanes, n'ont été élevées que dans les XIIIᵉ et
XIVᵉ siècles. Quelques tours sont de forme octogone et couronnées par un toit de même forme.

Iconographie chrétienne.

L'iconographie chrétienne est un sujet qui nous
entraînerait dans des développements trop étendus
si nous voulions l'embrasser. Nous renvoyons donc
aux détails et aux nombreuses figures de notre *Abécédaire*, 5ᵉ édition, depuis la page 240 jusqu'à la
page 280.

Peintures décoratives.

Les peintures décoratives ont été fréquentes au
XIIᵉ siècle. Les rouges d'ocre, les jaunes, le bleu,
le vert, le blanc forment la gamme ordinaire des

TOURS DU XIIe SIÈCLE.

couleurs. Les figures sont imitées de celles que pro-

PEINTURES DU XIIe SIÈCLE.

duisait la sculpture à la même époque.

Pavages.

Les sanctuaires les plus élégants étaient pavés en mosaïque ou en marqueterie. On commença au XIIe siècle à se servir de pavés émaillés en terre cuite ; mais les aires en ciment ou les dalles en pierre formaient le pavé habituel des nefs.

Autels.

Les autels et les fonts baptismaux remontant au

AUTEL ROMAN, A SAINT-GERMER.

XII⁰ siècle sont rares aujourd'hui ; ils étaient d'un style complètement analogue à celui des églises du temps. J'en présente seulement un spécimen.

Les tombeaux, les croix, les reliquaires, les vases destinés au culte forment une intéressante série d'objets dont nous recommandons l'étude, ren-

voyant, comme nous l'avons fait déjà pour d'autres,
aux principes de classification exposés dans l'*Abé-*

FONT ROMAN DE CHÉRENG (NORD).

cédaire d'archéologie, 5ᵉ édition, et aux nombreuses
figures de ce volume.

ARCHITECTURE CIVILE.

Les maisons claustrales des abbayes, les hôpitaux, les palais, les halles, les ponts, en un mot tous les édifices publics, les maisons particulières appartiennent à l'architecture civile. Les constructions civiles qui nous restent des XI° et XII° siècles montrent que l'appareil, la forme des ouvertures, les moulures d'ornement étaient les mêmes que dans les constructions religieuses.

Les fenêtres étaient à plein-cintre, quelquefois

FENÊTRES DE DIVERSES CONSTRUCTIONS CIVILES.

à linteau droit et subdivisées en deux baies comme celles des églises.

Les cheminées étaient souvent cylindriques à leur sommet et plus ou moins élevées.

Le manteau de la cheminée, à l'intérieur des appartements, était supporté par des colonnes, des

CHEMINÉ S CYLINDRIQUES, A LAON.

pilastres ou des encorbellements.

Édifices monastiques.

Les constructions civiles les plus importantes appartiennent aux maisons religieuses. Cette architecture était simple et sévère au XIe siècle ; mais,
au XIIe, les nombreuses donations faites aux monastères permirent de consacrer des sommes considérables à la construction des cloîtres et des maisons

d'habitation. Il existe encore en France, malgré les
destructions sans nombre opérées depuis 200 ans, de
très-beaux restes d'architecture monastique du XII⁰
siècle. Les abbayes, je l'ai déjà dit page 184, avaient
emprunté leurs dispositions principales aux maisons
de campagne et aux maisons de ville, dont nous avons
présenté des plans p. 147 et 151.

Le cloître représente le péristyle des maisons de

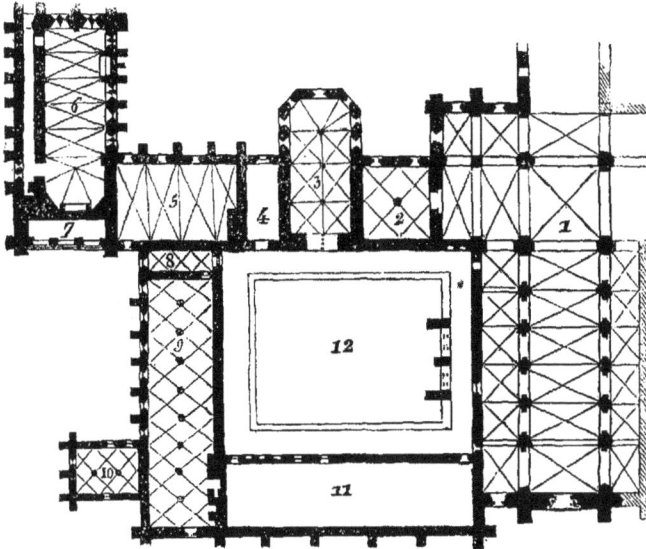

PLAN D'UNE ABBAYE DU XII⁰ SIÈCLE (PARTIE CENTRALE).

1. Église. 3. Salle capitulaire. 2, 4, 5. Salles voûtées, avec les dortoirs au-
dessus. 9. Réfectoire. 11. Salles des hôtes. 12. Préau entouré par la galerie du
cloître.

ville, la partie réservée à la vie recluse : il répond

aussi avec son entourage à la *villa urbana,* ou cour
d'honneur des *villæ :* le plan que je présente montre
la disposition des principaux corps-de-logis entou-
rant le cloître.

Dortoir.—Le dortoir était presque toujours voisin
de la salle capitulaire, soit qu'il s'étendît à côté et
sur la même ligne, soit que, comme dans un très-
grand nombre d'abbayes (Lire, St-Evroult, Conches,
St-Wandrille, Marmoutiers, La Sauve (Gironde),
St-Cyprien de Poitiers, St-Bénigne de Dijon, Bocher-
ville, Solignac près Limoges, St-Germain d'Auxerre,
Fontenay, St-Benoît-sur-Loire), il occupât, au-
dessus des voûtes du chapitre et au-delà, tout ou
partie de l'aile orientale des bâtiments claustraux :
on comprend effectivement que là devait être le
dortoir, quand on considère que cette aile se liait
au transept de l'église, ce qui rendait plus facile
l'accès du chœur pour les offices de nuit.

Les dortoirs étaient de vastes et longues pièces
percées de fenêtres cintrées.

Réfectoire.— Le réfectoire était presque toujours
attenant au côté du cloître, en regard de l'église :
cette salle n'était pas toujours parallèle à la galerie
du cloître ; mais elle se développait souvent en longueur du nord au sud ou du sud au nord, suivant
la position du préau relativement à l'église.

Cuisines. — Au XII⁰ siècle, les cuisines affectaient, dans beaucoup d'abbayes, la forme ronde,
octogone ou carrée, formant un bâtiment détaché,
quoique toujours à proximité du réfectoire. Ces
cuisines, dont nous avons encore un magnifique spécimen à Fontevrault, offraient dans leur pourtour
plusieurs cheminées ou fourneaux pour la cuisson des
mets ; chacun de ces foyers avait un tuyau en pierre
qui sortait de la toi-
ture conique de l'édifice,
dont le sommet était sou-
vent percé d'une lan-
terne pour laisser sortir
les vapeurs et établir
une ventilation. On com-
prendra cette disposition
par l'esquisse que voici
des anciennes cuisines
de St-Père de Chartres,
qui n'existent plus.

Salles des hôtes. — Les salles des hôtes (car les
maisons religieuses exerçaient une large hospitalité et recevaient les voyageurs) occupaient, dans
beaucoup d'abbayes, la partie occidentale des bâtiments claustraux. En dehors du cloître, on trouvait
l'*area interior*, ou cour intérieure, réservée aux
frères et aux domestiques ; l'*area communis*, grande

cour où les charrettes circulaient et apportaient les dîmes. Autour de cette grande cour se trouvaient les granges, les magasins et les étables. L'*area communis* comprenait encore la grande porte d'entrée, *porta major*, le prétoire où l'on rendait la justice, la prison, enfin le colombier et le four, quelquefois le moulin.

Granges. — Les granges, annexées à l'*area communis*, étaient souvent de véritables monuments divisés comme les églises en trois nefs par des arcades portées sur des colonnes : celle de Perrières (Calvados) est une des plus remarquables ; j'en présente le plan et la coupe à la page 232. Les charrettes attelées entraient, avec leur charge de blé, par une extrémité et sortaient par l'extrémité opposée.

Les magasins et les celliers étaient aussi des édifices bien construits et souvent très-vastes.

Halles.

Les halles ressemblaient quelquefois, au XIIᵉ siècle, aux granges que je viens de décrire ; elles étaient le plus souvent en charpente ; d'autres fois elles se composaient de galeries établies autour d'une enceinte de murailles.

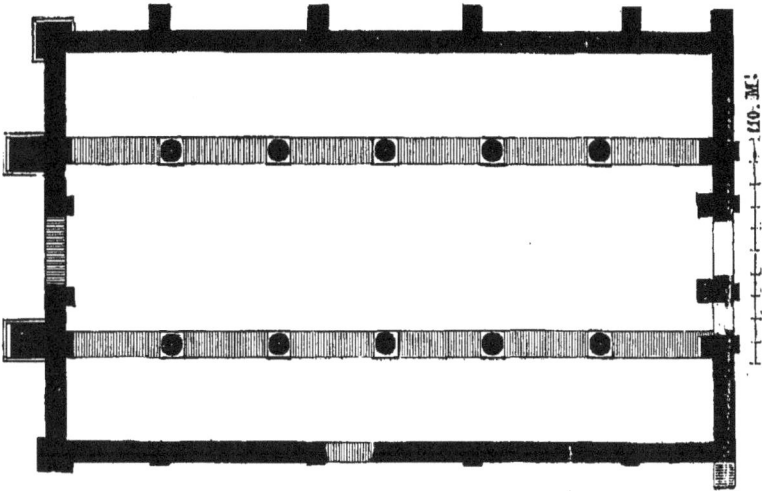

PLAN DE LA GRANGE DE PERRIÈRES.

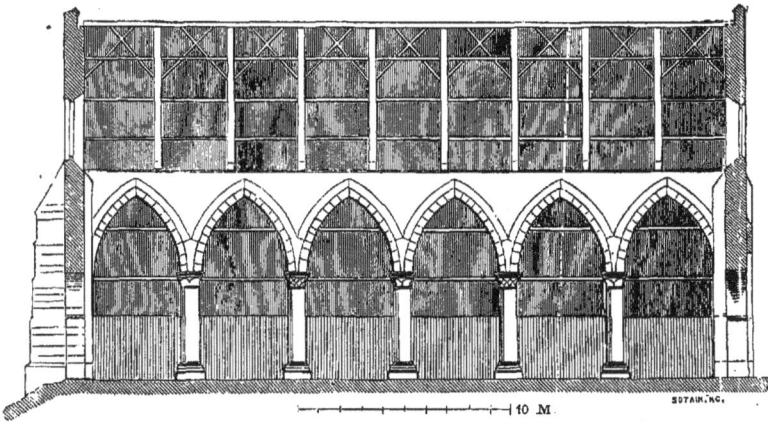

10 M.

COUPE LONGITUDINALE DE LA GRANGE DE PERRIÈRES.

Hospices.

Les hospices avaient une assez grande importance
dans certaines villes. Le principal corps-de-logis
renfermant la grande salle destinée aux voyageurs
et aux malades était ordinairement divisée en trois
nefs ; la nef centrale restait libre, les lits étant rangés
dans les bas-côtés. Les hospices avaient souvent des
cloitres et ressemblaient plus ou moins aux abbayes,
quant à leurs dispositions générales (V. l'*Abécédaire
d'archéologie*, architecture civile, 3ᵉ édition, p. 89).

Maisons privées.

Les maisons privées du XIIᵉ siècle offraient des
gables ou pignons sur le bord des rues ; les fenêtres
étaient le plus souvent à plein-cintre dans les maisons
en pierre : elles étaient carrées dans les maisons
de bois, les plus communes à cette époque. Je
présente, page suivante, une maison en pierre du
XIIᵉ siècle.

ARCHITECTURE MILITAIRE.

Les villes qui avaient été anciennement fortifiées
avaient conservé, pour la plupart, leurs murailles
et leurs tours d'enceinte ; mais l'établissement du
système féodal fut l'origine d'une multitude de nouveaux châteaux qui changèrent la face du pays, au
XIᵉ siècle et dès la fin du Xᵉ.

MAISON DU XIIᵉ SIÈCLE , A CHARTRES.

Au XIᵉ siècle , les châteaux furent composés de

deux parties : d'une *cour basse* et d'une seconde enceinte renfermant une tour ou *donjon*.

L'étendue de la cour basse, ou première enceinte, était proportionnée à l'importance de la place. Beaucoup de châteaux du XI⁰ siècle n'avaient que des remparts en terre surmontés de palissades en bois, et dont l'approche était défendue par un fossé plus ou moins profond.

A l'une des extrémités de la cour, quelquefois au centre, s'élevait une éminence arrondie, souvent artificielle, quelquefois naturelle, sur laquelle était assise la tour du donjon.

Un dessin fera comprendre la disposition d'un château à motte avec palissades en bois.

La tour carrée, ou donjon, repose sur une motte

en terre B : un fossé *c c* forme un cercle à la base de cette éminence et l'isole de la cour C, au centre de laquelle elle est placée. Dans cette cour se trouvent les constructions E E qui servaient de magasins, d'écuries ou de logements pour les gens du baron. Des pièces de bois enfoncées en terre et serrées les unes contre les autres (F F) forment une clôture solide défendue par un fossé extérieur, G.

On peut, je crois, trouver dans le donjon et l'éminence qui le supporte une imitation plus ou moins altérée du prétoire des camps romains.

J'ai décrit un très-grand nombre d'emplacements de châteaux à mottes dans le Vᵉ volume de mon *Cours d'antiquités*. J'en vais présenter un, le château de Grimbosq.

Le château des Olivets, à Grimbosq (Calvados),

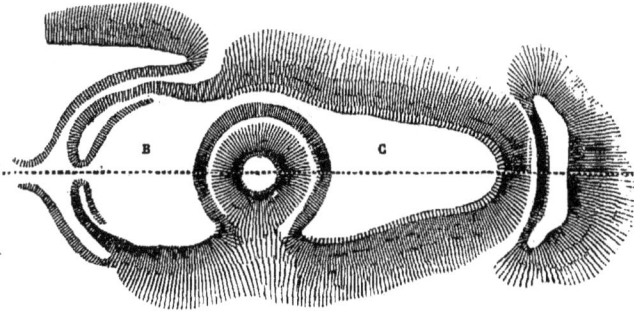

PLAN DU CHATEAU DE GRIMBOSQ.

occupait un plateau étroit flanqué de deux vallons profonds, qui se termine en pointe près de la rivière d'Orne.

La motte du donjon s'élève au milieu de l'enceinte

qu'elle divise en deux parties inégales, et pour communiquer de la cour B à la cour C, il ne reste qu'un étroit passage entre la motte et la pente rapide du coteau. La motte centrale est ceinte d'un fossé large de 15 pieds et profond de 6 ; elle peut avoir 30 à 40 pieds de diamètre au sommet, et l'on n'y voit pas de fondations.

Des dispositions analogues, sauf la forme de la grande cour qui est souvent subordonnée à la configuration du sol, se rencontrent dans une centaine d'autres châteaux normands que je regarde comme datant du XIe siècle.

Les châteaux dont les constructions intérieures étaient en pierre offrent plus d'intérêt que les précédents, quand ils conservent quelques pans de murs au milieu de leurs enceintes. Les donjons en pierre se rapportent tous à des types à peu près uniformes. Le type le plus habituel présente une tour carrée isolée des autres bâtiments de la place, dans laquelle on ne pouvait entrer que par une *porte placée assez haut* dans le mur et qui répondait au niveau du premier étage. On ne pouvait parvenir à cette porte que par un pont ou un escalier mobile. Je présente, pour exemple des donjons du XIe et du XIIe siècle, ceux de Broue (Charente-Inférieure), celui de Montbazon (Indre-et-Loire), et celui de Beaugency (Loiret). On peut citer parmi les plus beaux donjons existants ceux de Loches (Indre-et-Loire), de Falaise, de

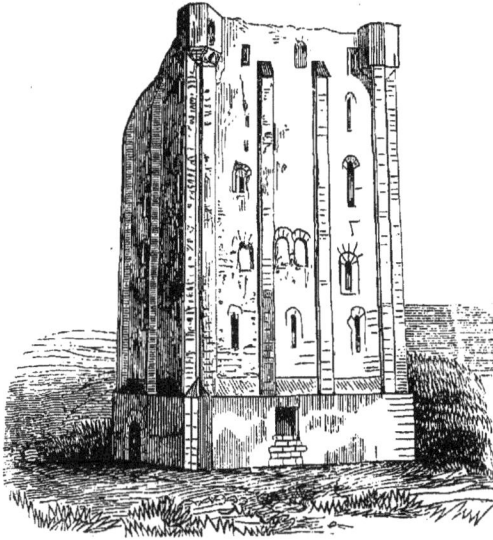

Beaugency.

Broue.   Montbazon.

DONJONS DU XIIe SIÈCLE.

Domfront, de Ste-Suzanne, de Montrichard, d'Arques, de Nogent-le-Rotrou, de Chamboy (Orne), de Vire.

Quelquefois le donjon se liait aux fortifications du pourtour de l'enceinte et faisait en quelque sorte corps avec elle : alors c'était une tour d'observation plus élevée que le reste, mais qui ne pouvait en être indépendante.

Cependant, au XIIe siècle, des changements se manifestent dans l'architecture militaire aussi bien que dans l'architecture religieuse; on adoptait souvent pour le donjon, dans l'Ile-de-France et d'autres provinces voisines, la forme cylindrique ou polygonale de préférence à la forme carrée; tel est le donjon de Gisors (V. la page suivante).

Cette ancienne partie du château de Gisors, encore très-bien conservée, se montre au sommet d'une éminence artificielle ; un mur flanqué de contreforts garnit le contour du plateau ménagé sur l'éminence. Une tour polygonale assez élevée se trouve en contact avec le mur d'enceinte et formait le donjon ; elle faisait face à la porte d'entrée de cette petite cour, qui devait être garnie de logements, et dans laquelle on remarque encore les restes d'une chapelle.

M. de Dion, qui a publié dans le *Bulletin monumental* des études très-intéressantes sur les châteaux des environs de Paris, a décrit le donjon d'Houdan, flanqué de quatre tours cylindriques soudées sur la masse principale (page 240).

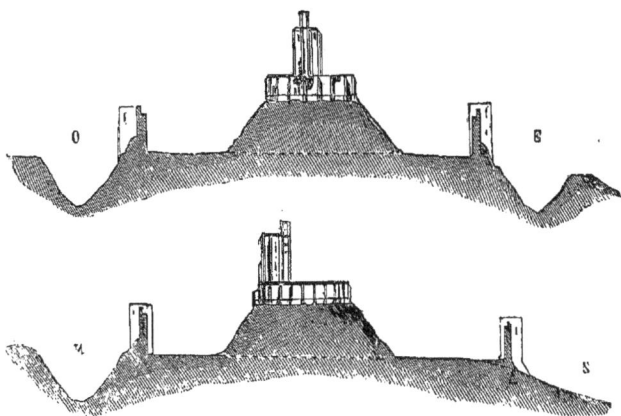

ENCEINTE ET DONJON DE GISORS, VUS DE DEUX CÔTÉS.

DONJON D'HOUDAN,

Le donjon d'Étampes, publié il y a longtemps dans le *Bulletin monumental* et décrit d'abord par M. Victor Petit, puis par M. Léon Marquis, nous montre le type

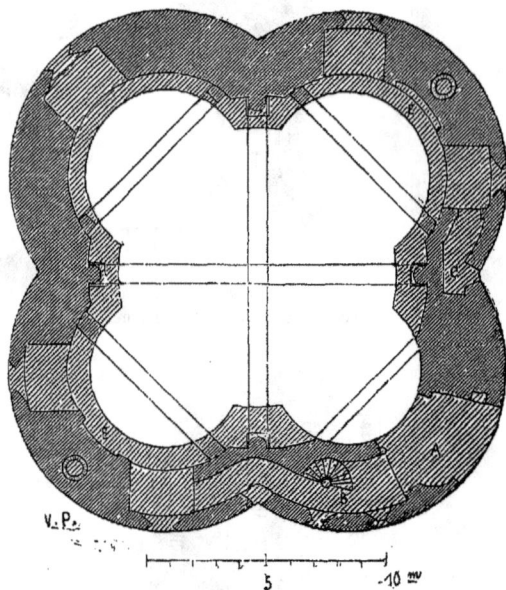

PLAN DU DONJON D'ÉTAMPES.

du donjon quadrilobé arrivé à sa perfection, c'est-à-dire quatre lobes égaux symétriquement espacés.

Ces différents essais ont fini par se résumer dans la tour cylindrique qui, vers la fin du XIIe siècle et au XIIIe, fut préférée dans le Centre, le Nord et quelques autres provinces. On continua, dans le Midi,

7*

à employer la forme carrée pendant tout le cours .

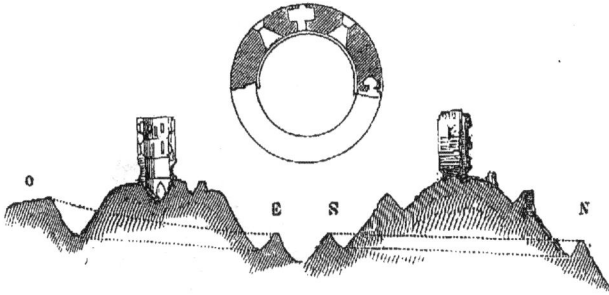

RUINE DU DONJON CYLINDRIQUE DE NÉAUFLE, PRÈS GISORS.

du XIII° siècle et dans le siècle suivant.

Je présente pour exemple d'un donjon roman cylindrique celui du château de Laval ; je le présente de préférence, parce qu'il a conservé son couronnement *hourdé*. On appelait hourds des parapets couverts en bois, que l'on établissait en saillie au sommet des murs, et qui permettaient à la garnison de circuler sans danger et de jeter des projectiles sur les assaillants entre les poutres formant encorbellement. Les hourds sont très-rares maintenant, et ceux du donjon de Laval sont peut-être les seuls qui subsistent d'une époque aussi ancienne (V. la page suivante).

DONJON DE LAVAL COURONNÉ D'UNE CHARPENTE EN BOIS FAISANT SAILLIE
SUR LA TOUR.

(Les deux fenêtres ont été percées au XVIᵉ siècle.)

CHAPITRE IV.

ÈRE OGIVALE.

Une grande révolution artistique s'accomplit à la fin du XII° siècle :

Par l'adoption de l'arc en tiers-point et l'abandon du plein-cintre ;

Par la création d'un système nouveau de construction et de décoration ;

En un mot, par l'avènement du style ogival.

Toutefois, le style ogival ne s'est pas substitué tout d'un coup au style roman ; l'emploi de l'ogive devint fréquent dans le cours du XII° siècle, et après

DEUX OGIVES ENCADRÉES DANS UN CINTRE.

avoir été employée concurremment avec le plein-

cintre, elle finit par lui être préférée. Cette époque
de transformation s'appelle *transition*; elle a pour
limite approximative le XIIIᶜ siècle : alors, l'arc en
tiers-point était généralement employé dans une
grande partie de la France, le *style ogival* complètement formé.

Cependant des églises ont été bâties en style
roman dans certaines contrées, lorsque l'architecture ogivale régnait déjà dans d'autres. Dans le Midi
et dans quelques provinces, on a conservé le style
de transition pendant toute la durée du XIIIᵉ siècle.

Les causes qui ont déterminé la création du style
ogival sont complexes. L'arc en tiers-point est né
des besoins de la construction.

Nous avons vu comment les voûtes s'étaient per-
fectionnées par suite du croisement des arceaux. On
trouva bientôt dans l'arc brisé un nouveau moyen
de diminuer les poussées, et l'on dirigea tout le
poids des voûtes sur des parties garnies de contreforts. De cette innovation dérivèrent une foule
d'autres innovations qui produisirent le style ogival
tel que nous le voyons au XIIIᵉ siècle.

ARCHITECTURE RELIGIEUSE.

Forme des églises.

On apporta quelques modifications dans le plan
des églises au XIIIᵉ siècle : le chœur devint plus

long qu'il ne l'avait été auparavant; les collatéraux
qui faisaient le tour du sanctuaire furent toujours

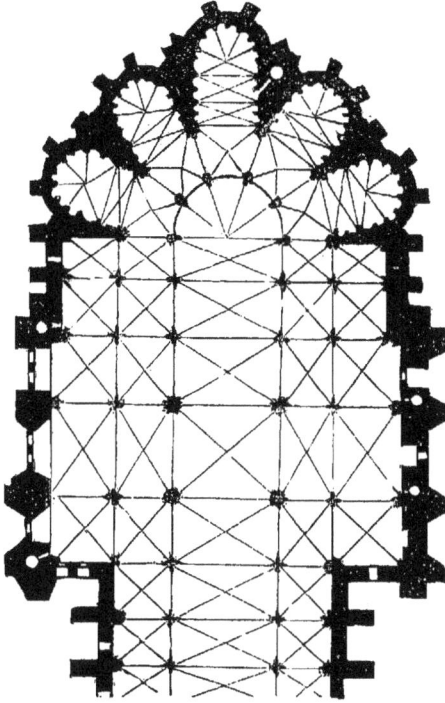

PLAN DU CHŒUR DE LA CATHÉDRALE DE REIMS.

bordés de chapelles, excepté quand les églises se
terminaient par un chevet; alors les collatéraux
s'arrêtaient des deux côtés du sanctuaire (St-Serge
d'Angers et quelques autres églises de cette région).

Les petites églises du XIII° siècle se terminent
presque toujours par un
chevet droit.

Pour quelques rares églises
on adopta la forme arrondie
(Notre-Dame de Trèves).

Si l'on faisait rayonner
des chapelles autour de l'ab-
side, on n'en garnissait pas 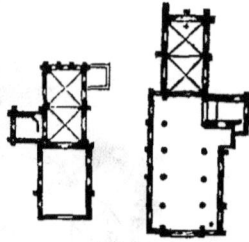 Églises rurales à chevet rectangulaire.
encore les bas-côtés des nefs, et celles qu'on voit ainsi
placées dans les églises du XIII° siècle sont toujours
le résultat d'une addition facile à reconnaître.

Dans une très-grande partie de la France, notamment dans le Midi, beaucoup de nefs (de transition et du XIII° siècle), quoiqu'assez grandes,
n'ont pas de bas-côtés (cathédrale d'Angers, cathédrale de Bordeaux, La Couture du Mans, etc.,
etc.) et forment, quant au plan, une classe particulière sur laquelle nous reviendrons plus tard. Ce
plan à nef unique procède du style byzantin, car la
plupart des églises à coupoles n'avaient pas de bas-
côtés.

Appareils.

Plus de pierres disposées en arêtes de poisson,
plus de petit appareil proprement dit ; les pierres
furent généralement plus grandes et de forme moins
régulière.

Contreforts.

Les contreforts prennent plus de saillie. Un trait

ARCS-BOUTANTS DE LA CATHÉDRALE DE BAYEUX.

hardi du nouveau style fut d'élever des arcs-boutants sur les contreforts. Ceux-ci se couronnèrent

de clochetons : et comme les arcs allaient neutraliser
la poussée des voûtes au haut des murs, on en fit
aussi des aqueducs pour l'écoulement des eaux pluviales du grand comble ; ces eaux glissaient dans
une gouttière creusée dans l'extrados de l'arc-boutant,
puis étaient rejetées par des conduits saillants que
l'on appelle gargouilles (B, page 248).

Ornements.

Plus de feuilles grasses perlées, de galons, d'ornements géométriques (frettes crénelées, zigzags, losanges). On essaya, au XIIIᵉ siècle, d'imiter les
végétaux indigènes, dont la page qui suit offrira
quelques spécimens.

GUIRLANDE DE ROSES.

BOUQUETS DE ROSES SUR UN CHAPITEAU.   FEUILLES DE LIERRE.

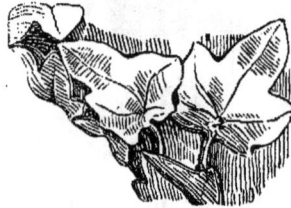

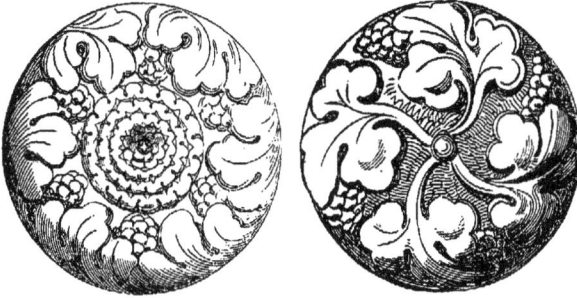

ROSES ET FLEURONS.

ORNEMENTATION VÉGÉTALE DU PORTAIL DE L'ÉGLISE NOTRE-DAME, A TRÈVES.

Colonnes.

Les colonnes minces et groupées en faisceau forment un des
caractères les plus frappants de
l'architecture du XIIIᵉ siècle. Ces
fûts, taillés dans une même pierre,
présentèrent souvent des anneaux
ou renflements qui les divisaient
par parties égales. Dans beaucoup
d'églises, le premier ordre est
composé de grosses colonnes cylindriques. Les colonnes groupées
garnissent les étages supérieurs.

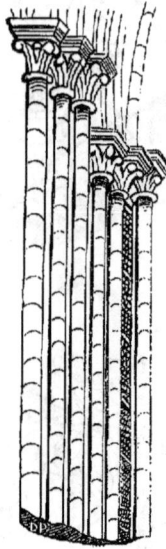

FAISCEAU DE COLONNES DU XIIIᵉ SIÈCLE.

Fenêtres.

Les fenêtres sont étroites et allongées : comme
elles ressemblent un peu à un fer de lance, les Anglais
les ont appelées *lancettes;* on en voit de très-longues
et de courtes dans les monuments de la même
époque.

Vers le milieu du XIIIᵉ siècle, les fenêtres s'élar-
gissent et se subdivisent en plusieurs baies ; le

sommet de l'ogive put alors être rempli par une
ou plusieurs roses.

Les fenêtres circulaires avec roses furent, au
XIIIᵉ siècle, d'une plus grande dimension que dans
le siècle précédent et beaucoup plus fréquemment
employées, même dans les églises rurales (V. la
page suivante).

A l'intérieur des édifices qui offrent trois étages
superposés, la partie moyenne est constamment occupée par des tribunes formant un étage, ayant la
même largeur que les bas-côtés, ou par une simple
galerie. Ces galeries se composaient seulement d'une
suite d'arcades portées sur des colonnettes; les antiquaires anglais les ont appelées *triforium :* ils dé-

signent, au contraire , sous la dénomination de *clé-*

restory l'étage de fenêtres qui surmonte le triforium et qui effectivement éclaire la grande nef
(V. la page suivante).

Portes.

Les portes et leurs voussures sont garnies de tores,
quelquefois de personnages ; les parois latérales , de

8

CLERESTORY.

TRIFORIUM.

TRIBUNES.

colonnettes et de statues. Quand le tympan représente le Jugement dernier, le plus souvent le Christ
n'est plus entouré des symboles des quatre Évan-

REPRÉSENTATION DU JUGEMENT DERNIER SUR UN TYMPAN DU XIIIᵉ SIÈCLE.

gélistes comme au XIIᵉ siècle : on le voit les mains
levées, ayant à ses côtés des anges, puis la Sainte-
Vierge et saint Jean à genoux, paraissant implorer
sa clémence.

Les anges tiennent la croix, la couronne d'épines,
les clous et la lance, instruments de la Passion.

La résurrection des morts et la séparation des
bons et des méchants se développent au-dessous du
tribunal céleste.

Dans les églises dédiées à la Sainte-Vierge, le
Christ, reconnaissable à son nimbe croisé, pose

quelquefois la couronne sur la tête de sa Mère,

TYMPAN, A NOTRE-DAME DE TRÈVES.

comme à l'église Notre-Dame de Trèves.

Tours.

C'est au XIIIe siècle surtout que les architectes
parvinrent à élever jusqu'à une hauteur prodigieuse

ces pyramides élancées qui donnent tant de mouvement à l'architecture ogivale.

Elles sont percées de fenêtres longues et étroites et assez souvent couronnées par des flèches octogones ; les espaces triangulaires existant entre les quatre angles de la tour et la base de la pyramide octogone sont occupés par quatre clochetons, et les quatre pans de l'octogone qui correspondent aux quatre faces de la tour portent des lucarnes à colonnes et à pyramides.

Nous avons, dans les campagnes surtout, des tours terminées par un toit à double égout, soit en charpente, soit en

UNE DES TOURS DE LA CATHÉDRALE DE COUTANCES (CLOCHETONS FORT ÉLEVÉS).

pierre : on les appelle tours en bâtière. Mais ces toits ne sont pas anciens ; ils ont remplacé la flèche en bois ou même en pierre qui existait ou qui avait été projetée : j'en ai vu deux ou trois seulement qui paraissent du XIIIe siècle.

Dans le midi de la France, les tours sont restées lourdes et trapues au XIIIe siècle et couvertes d'un toit obtus. Les flèches en pierre ne se rencontrent en grand nombre que dans certains pays.

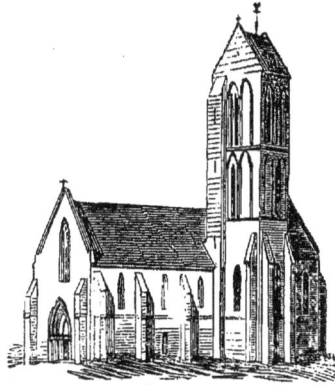

ÉGLISE DU XIIIe SIÈCLE AVEC TOUR A TOIT
EN BATIÈRE.

Autels, fonts baptismaux, tombeaux.

Voici quelques types d'autels, de fonts baptismaux et de tombeaux du XIIIe siècle.

AUTEL DU XIIIe SIÈCLE, A NORREY (CALVADOS).

CUVE BAPTISMALE OCTOGONE ORNÉE D'ARCATURES.

FONT PÉDICULÉ A COLONNES AUXILIAIRES, AVEC ARCADES TRILOBÉES.

Les autels n'avaient pas de tabernacle ; les saintes
espèces étaient réservées dans des armoires fermées
de volets avec ferrures. Ces arcades, creusées dans les
murs, sont désignées le plus souvent sous le nom de
crédences.

Les tombeaux établis dans les murs comme ceux-
ci s'appellent tombeaux arqués. La statue du défunt
est représentée couchée sous ces arcades.

Les pierres tombales sont de grands pavés sur
lesquels on marche et qui offrent l'effigie du mort
gravée au trait ; c'étaient les tombeaux les plus com-
muns : on en détruit chaque jour un très-grand
nombre pour leur substituer des pavés sans style. On
devrait, au contraire, les conserver religieusement,

car dans leurs inscriptions les pierres tombales fournissent des documents très-intéressants pour l'histoire locale, et leurs effigies montrent les costumes de l'époque.

Dans certains cimetières il existe encore des fanaux, ou colonnes creuses, au sommet desquelles on allumait un fanal pour éclairer la nuit les convois mortuaires, et aussi pour rappeler. aux passants la présence des trépassés réclamant leurs prières. Ces colonnes avaient à leur base un autel sur lequel on disait la messe lors des inhumations (V. ce que j'en ai dit dans l'*Abécédaire d'archéologie*, architecture religieuse, p. 317).

Ces fanaux se rencontrent particulièrement dans le centre de la France, au milieu des cimetières les plus importants des XIIe et XIIIe siècles.

PIERRE TOMBALE DE LA FIN DU XIIIe SIÈCLE.

ARCHITECTURE CIVILE.

L'arc en tiers-point appliqué aux voûtes, aux ouvertures et à tous les détails de l'ornementation,
favorisa l'agrandissement des diverses constructions
civiles, monastiques, publiques ou privées. Les abbayes s'étaient alors enrichies par des dons nombreux
et par le perfectionnement qu'elles avaient imprimé
à l'agriculture. L'affranchissement des communes fut,
pour les villes et leur industrie, une cause d'accrois-
sement qui dut contribuer aussi à leur développement. Le XIIIe siècle est donc pour l'architecture
civile, comme pour l'architecture religieuse, UNE
GRANDE ÉPOQUE.

Architecture monastique.

Les cloîtres ont leurs arcades portées sur des colonnettes d'une grande légèreté, à chapiteaux garnis
de feuillages (Mont-St-Michel, un côté du cloître
St-Trophime d'Arles, etc., etc.).

Les salles capitulaires, les réfectoires (V. la page
suivante), les salles des hôtes et les autres édifices
disposés autour du cloître sont généralement voûtés,
éclairés par des ouvertures en tiers-point; quelques
cintres pourtant se voient encore, mais ils affectent

une légéreté qui ne permet pas de les confondre

COUPE LONGITUDINALE DU RÉFECTOIRE DE BONPORT.

avec ceux du XIIe siècle. La vue générale des bâtiments de Bonport, près Pont-de-l'Arche (page 264),
nous montre l'ordonnance générale des constructions
monastiques. Nous en trouvons de magnifiques
exemples au Mont-St-Michel, notamment dans le
grand bâtiment nommé la Merveille, et qui mérite
bien ce nom quand on considère sa hardiesse, son
élégance et sa position.

Mais, en fait de constructions civiles monastiques,
je ne connais rien de plus important que celles de
l'abbaye de Vauclair, près Laon; voici un des pi-

DARDELET

Victor Petit del.

VUE DES BATIMENTS DE BONPORT, PRISE DES BORDS DE LA SEINE.

gnons et une des façades. Cette façade n'a pas moins

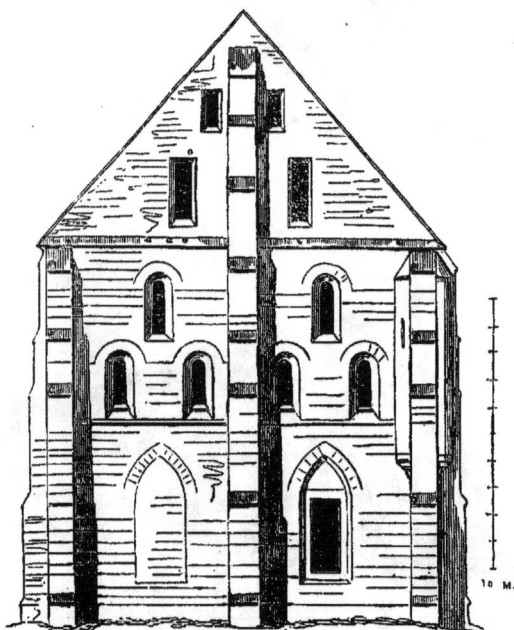

VUE DU PIGNON SUD DU BATIMENT DE VAUCLAIR.

de 70 mètres de longueur ; elle se divise en plusieurs belles salles et se compose de deux étages voûtés surmontés de magnifiques greniers dont les charpentes sont aussi très-belles (V. page 266).

Granges.—Les granges annexées à la grande cour extérieure des abbayes acquirent des dimensions considérables, surtout dans les abbayes dont la richesse principale était le blé, comme à Ardennes, près de

VUE DU GRAND BATIMENT DE VAUCLAIR (FAÇADE DE L'EST).

COUPE GÉNÉRALE DU BATIMENT DE VAUCLAIR.

Caen, dont la grange aurait pu contenir 100,000 gerbes de blé, et dont les nefs étaient divisées longitudi-

V. Petit del.

UN DES PIGNONS DE LA GRANGE D'ARDENNES.

nalement par neuf arcades. On connait les belles granges de Maubuisson, près de Pontoise.

Quelques abbayes possédaient des établissements industriels. L'abbaye de Cîteaux renfermait de grandes tanneries, établies sur le bord d'un ruisseau passant dans l'enceinte du monastère. L'abbaye de Fontenay (Côte-d'Or) renferme encore des constructions très-importantes du XIIIᵉ siècle, que j'ai figurées dans l'*Abécédaire d'archéologie* (architecture civile), et

que M. Seguin, propriétaire de l'abbaye, correspondant de l'Institut, croit avoir fait partie d'une
ancienne forge.

Comme spécimen d'une entrée d'abbaye, presque

ENTRÉE DU PRIEURÉ DE SAINT-VIGOR.

toujours composée de deux portes, l'une pour les

charrettes, l'autre pour les piétons, je donne celle du prieuré de St-Vigor, près Bayeux. Les portes étaient généralement surmontées d'un appartement.

Le prétoire, où l'on rendait la justice, et les prisons (car les abbayes avaient souvent le droit de haute-justice) étaient ordinairement près de la porte d'entrée, et le prétoire se trouvait quelquefois dans l'appartement qui surmontait les portes.

Évêchés.

Les évêchés, disposés au XIII° siècle comme ils l'étaient au siècle précédent, ont profité des progrès de l'architecture. Nous n'en donnerons pour preuve que le magnifique pignon de l'évêché d'Auxerre bâti, de 1250 à 1260, par l'évêque Guy de Mello, et les parties qui subsistent de l'évêché de Laon, notamment la grande salle, construite en 1242 par l'évêque Garnier, dans laquelle le tribunal de première instance est établi, et dont j'ai publié une vue extérieure dans mon *Abécédaire d'archéologie* (partie civile). La cour de l'évêché était à peu près carrée.

Halles.

Les halles du XIII° siècle offrent la même disposition que celles du XII°. Nous donnons pour exemple le pignon de la grande halle de St-Pierre-sur-Dive

PIGNON DE L'ÉVÊCHÉ D'AUXERRE, BATI, DE 1250 A 1260, PAR GUY DE MELLO.

qui ressemble à une vaste grange. On ne peut faire
remonter au XIIIᵉ siècle que la partie , reproduite

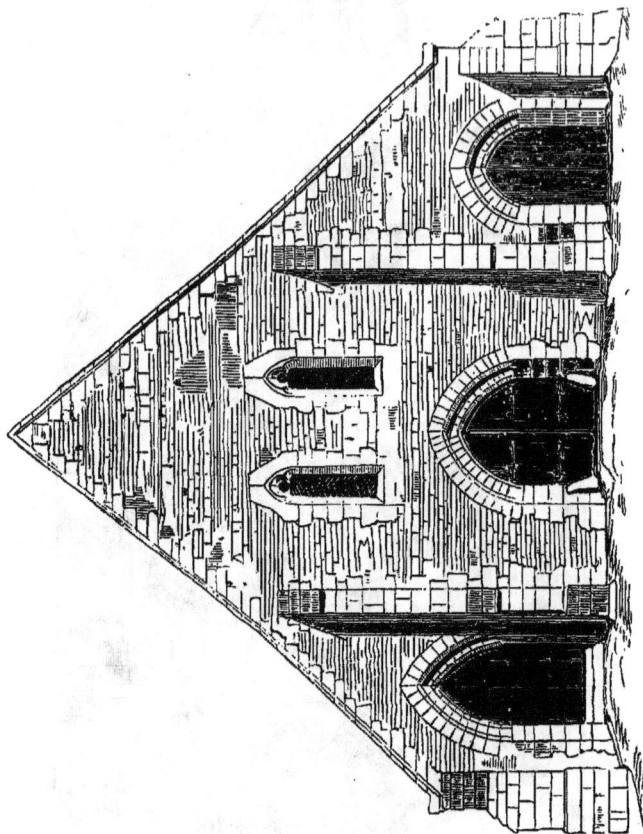

ENTRÉE DES HALLES DE SAINT-PIERRE-SUR-DIVE.

dans notre esquisse , des réparations ayant été faites

aux autres parties à diverses époques. Nous connaissons quelques halles à peu près semblables à
celles de St-Pierre.

Hospices.

La disposition des hospices est la même qu'au
siècle précédent, mais ils se multiplient et se développent. Certains hospices étaient près des cathédrales (Chartres, Le Puy, Orléans) et presque en
contact avec elles ; d'autres constamment placés près
d'un cours d'eau, soit en dehors des fortifications,
soit à l'intérieur, près des portes (Caen, Bayeux,
Laval, Coutances), et plus particulièrement destinés aux voyageurs.

La grande salle de l'hospice de Bayeux, recon-
struite par Robert des Ablèges, évêque de cette
ville, a malheureusement été détruite en 1823,
mais plusieurs se la rappellent encore : elle était
voûtée en ogive ; des colonnes monocylindriques
supportaient cette voûte et divisaient longitudina-
lement la grande salle. La charmante chapelle du
séminaire actuel, un des plus beaux joyaux du XIIIe
siècle, était une dépendance de cet hôpital qui dut
avoir aussi un cloître.

La salle de l'Hôtel-Dieu de Chartres, que la ville
veut absolument détruire pour élargir les abords de
la cathédrale, est divisée par des colonnes, et à

l'extrémité orientale se trouvait, comme à Caen et à Bayeux, un autel où on disait la messe pour les malades.

Je pourrais citer encore l'hospice de Tonnerre, qui remonte aux dernières années du XIIIᵉ siècle, et quelques autres ; mais il n'en restera pas un seul dans quelques années, si les villes continuent à détruire tout ce qui est ancien pour élever, à grands frais et avec force emprunts, de nouveaux édifices.

Beffrois et hôtels-de-ville.

Noyon, St-Quentin, Laon paraissent avoir reçu de bonne heure leur émancipation. Plus tard, et surtout sous Philippe-Auguste, les principales villes qui faisaient partie des domaines de la couronne furent successivement admises à jouir des mêmes priviléges ; et, à la fin du XIIIᵉ siècle, l'établissement des communes était devenu général. Alors les villes eurent un sceau et une tour, ou beffroi, qui renfermait une cloche pour convoquer les bourgeois.

Les hôtels-de-ville furent ordinairement, au XIIIᵉ siècle, établis près des portes de ville. La cloche se trouvait elle-même dans une tour construite au-dessus des voûtes du portail ou dans les tours qui flanquaient cette entrée.

On voit encore quelques parties de celui de Bordeaux, qui datait de 1246 ; il fait corps avec les murs

d'enceinte ; mais on ne doit rapporter au XIIIᵉ
siècle que les parties basses de cette espèce de
tour , à peu près jusqu'au cadran de l'horloge : la
partie supérieure paraît du XVᵉ et du XVIᵉ siècle.

Vers la fin du XIIIᵉ siècle, les hôtels-de-ville
comprirent des halles et devinrent des édifices considérables dans les villes commerçantes. Ainsi celui
d'Ypres qui, à la vérité, ne fut terminé qu'en 1304,
mais auquel on avait travaillé pendant une grande
partie du XIIIᵉ siècle, est un véritable palais (V. la
page suivante).

Ponts.

Il existe encore en France bien des ponts du
XIIIᵉ siècle, et je ne suis pas éloigné d'admettre
que quelques-uns de ceux qui se trouvent encore
dans la plupart de nos provinces, et qui n'offrent pas
de dates certaines comme celui dont voici l'esquisse
(p. 276), peuvent remonter au XIIIᵉ siècle.

Le magnifique pont de Cahors, avec ses trois tours
de défense, est un des plus beaux ponts du XIIIᵉ
siècle que l'on connaisse (p. 277).

J'ai rapporté au XIIIᵉ siècle un autre pont qui
n'existe plus depuis quelques années, le grand pont
de Pont-de-l'Arche, quoique divers antiquaires aient
voulu qu'il remontât à une époque plus ancienne.
J'ai donné mes raisons et publié une bonne vue de
ce grand pont, due au crayon de M. Victor Petit,

HÔTEL-DE-VILLE ET BEFFROI DE LA VILLE D'YPRES.

dans l'*Abécédaire d'archéologie*, partie civile. Cette

VUE GÉNÉRALE DU PONT DE CAHORS.

vue a d'autant plus de prix aujourd'hui que le pont
a été détruit par les ingénieurs.

Maisons privées.

Les constructions privées étaient en bois ou en
pierre. Les maisons de bois, beaucoup plus communes que les maisons en pierre, étaient construites

8*

par des charpentiers : on établissait les poteaux, les traverses, toutes les pièces d'assemblage ; puis on remplissait en mortier les intervalles qui existaient entre ces pièces. Les parties basses étaient ordinairement en maçonnerie pour éviter la pourriture du bois.

Les maisons en pierre du XIIIe siècle sont encore en certain nombre, à l'heure qu'il est, dans les villes peu populeuses qui n'ont pas été transformées. J'en ai cité plusieurs, à Cluny, dans mon *Abécédaire d'archéologie* (partie civile) ; il y en a de très-intéressantes à Cordes, petite ville du Tarn ; on en cite : à St-Antonin (Aveyron), à Figeac (Lot), à Gand (Belgique), à Provins, à Limoges, et dans beaucoup d'autres villes.

M. le comte d'Héricourt croit qu'une partie de la maison qui se trouve à Arras, sur la grande place, est encore du XIIIe siècle. Nous en donnons une vue pour montrer ce qu'étaient les galeries couvertes ou porches qui bordaient les places et les rues les plus fréquentées (V. la page suivante).

ARCHITECTURE MILITAIRE.

Si le génie de l'architecture avait porté ses inspirations les plus belles et les plus pures dans la composition de ces admirables cathédrales que l'on a

Ch. Givelet del.

MAISON DU X IIe SIÈCLE, A ARRAS.

justement appelées *de grandes épopées de pierres,*
la puissance féodale avait aussi fécondé le talent des
architectes du XIIIe siècle.

Si les grandes cathédrales excitent l'admiration

et pénètrent l'âme d'émotions religieuses, le château
de Coucy, avec sa tour colossale, n'agit pas moins
fortement sur l'esprit du spectateur.

Forme générale.

La forme ou disposition générale des châteaux du
XIIIᵉ siècle fut, comme auparavant, subordonnée à
celle du terrain, lorsqu'ils reposaient sur la cime d'un
rocher, ou sur un plateau bordé de vallons et de
ravins. En pays de plaine, on préférait la forme carrée
longue ; on trouve, autour des deux enceintes, les
mêmes travaux de défense que dans les forteresses
du XIIᵉ siècle.

Tour du donjon.

Si l'on vit encore, au XIIIᵉ siècle, des donjons
carrés, ils eurent un diamètre moins considérable que
ceux des XIᵉ et XIIᵉ siècles; mais, le plus ordinairement, ils étaient de forme cylindrique dans le centre
de la France. Quelle que fût la place attribuée à
cette maîtresse-tour, elle était isolée (Coucy), entourée d'un fossé particulier et accessible seulement
au moyen d'un pont-levis (V. la page suivante).
A partir du XIIIᵉ siècle, on n'éleva plus de mottes
en terre ou du moins on n'en établit que très-rare-

ment, et dans les lieux où l'absence de bons maté-

VUE DU DONJON DE COUCY.

riaux forçait d'avoir recours à ce moyen d'accroître
la hauteur des édifices : encore les donjons du XIII°
siècle, assis sur des mottes, ne sont peut-être ainsi
placés, au moins pour la plupart, que parce qu'ils
ont succédé à des tours plus anciennes.

Logements.

Les bâtiments voisins du donjon prirent une nouvelle extension. Le luxe avait sensiblement aug-

menté : il fallut des appartements plus spacieux, de
vastes salles de réception. On peut en juger par
cette ancienne vue de l'ensemble du château de

. Coucy. Quelques-unes de ces salles étaient magnifiques, elles avaient des fenêtres *en lancette* garnies
de vitraux peints, et des pavés de briques émail-
lées, représentant des armoiries, des rosaces ou des
compartiments de différentes couleurs.

Tours d'enceinte.

La forme cylindrique prévalut pour les tours d'enceinte, comme pour celle du donjon ; les architectes
du XIIIe siècle se sont montrés fort habiles dans la
régularité et la solidité parfaite de ces belles pyramides, qui s'élèvent comme de robustes colonnes

destinées à consolider les murs et à les défendre
contre les attaques. Les tours sont divisées en deux
ou trois étages par des planchers portés sur des
poutres, quelquefois voûtées en pierre et couronnées
d'une galerie de créneaux.

Les tours cylindriques devaient mieux résister aux
attaques des machines que les tours carrées, leurs
surfaces convexes offrant partout la même solidité;
l'introduction des voûtes élancées en ogive devait,
d'ailleurs, faire abandonner ces larges donjons à
planchers droits : on trouva tout simple de voûter les
tours et de consolider ces voûtes au moyen d'arceaux
reposant sur des colonnettes ou des consoles espacées également, et formant pour les appartements
une décoration analogue à celle des églises. Enfin,
les toits coniques des donjons cylindriques offraient
moins de surface et moins de danger, en temps de
siége, que les toits à quatre pans des larges donjons
carrés, qui étaient quelquefois incendiés par les
brandons lancés du dehors.

La grande révolution qui s'était opérée dans l'architecture en général, par l'avènement du style ogival,
avait dû réagir sur l'architecture militaire : il fallut
donner plus d'élévation aux étages, mettre les tours
en harmonie avec les constructions voisines. Ce changement, d'ailleurs, est si intimement lié avec l'introduction du style ogival, qu'on voit la forme carrée
persister dans les régions de la France qui conser-

vèrent le style roman de transition, concurremment avec le style ogival, telles que les provinces du Sud, du Sud-Est, de l'Est ; et c'est surtout dans le royaume de France, où l'architecture ogivale se montrait si belle au XIII⁰ siècle, que le donjon cylindrique développe ses belles formes. Philippe-Auguste paraît l'avoir préféré, et son exemple dut être suivi dans la France du XIII⁰ siècle ; on sait que la tour du Louvre était un donjon cylindrique.

Appareil.

L'appareil que je distingue par la dénomination de *moyen* se rencontre habituellement dans les tours et les murs du XIII⁰ siècle ; mais les pièces varient de dimensions suivant la nature des matériaux employés. A Coucy, où ces pièces sont assez fortes et parfaitement taillées, on avait encore consolidé les murs au moyen de poutres incrustées dans la maçonnerie, selon le système déjà décrit (Brionne, Gisors) et en vigueur dans les siècles précédents. Quelques tours, dont les revêtements sont en moëllons,

m'ont présenté des assises de pierres de taille à différentes hauteurs, comme des cordons de briques, et
figurant ainsi des espèces de cercles dans l'élévation
des tours. (Blois, Angers, etc., etc.) L'esquisse précédente montre cette disposition.

Fenêtres.

A l'extérieur, les fenêtres affectent souvent la forme
de simples fentes que l'on appelle archères, parce
qu'on pouvait lancer par là des flèches sans avoir
beaucoup à redouter celles qui pouvaient être lancées
de l'extérieur; ces fenêtres, fortement ébrasées à
l'intérieur, sont parfois ornées de colonnes de chaque
côté et de tores ou de nervures, comme celles des
églises. Dans les parties les moins exposées aux attaques, à l'intérieur des cours, on trouve des fenêtres
à deux compartiments, encadrées dans des lancettes; les grandes salles des châteaux étaient ainsi
éclairées. Dans ces fenêtres, la tête de l'ogive était
très-souvent remplie en maçonnerie : de sorte que
les ouvertures étaient carrées.

Portes.

Les grandes portes flanquées de deux tours, à
l'entrée des places, prirent aussi la forme ogivale
dans leurs arcades : elles étaient quelquefois munies
de deux herses : l'une manœuvrant derrière le pont-

levis A et l'autre placée à l'extrémité opposée du passage voûté, vers l'intérieur de l'enceinte C. Habituellement on ne pouvait communiquer de la porte aux tours latérales : l'accès de celles-ci était pratiqué en dedans du bayle.

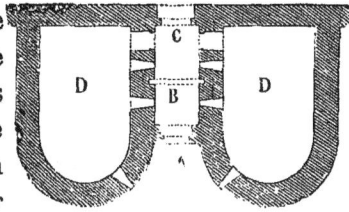

Les portes des tours et des bâtiments situés à l'intérieur des châteaux, beaucoup moins grandes que les précédentes, étaient quelquefois ornées de moulures et de colonnes; mais jamais elles n'offraient de voussures multipliées comme celles des églises de la même époque, et bien souvent elles étaient simples et sans aucun ornement.

Moulures.

Les moulures que j'ai remarquées dans les châteaux du XIIIe siècle sont les mêmes que nous avons citées, en parlant de l'architecture civile du même temps.

La peinture murale vint en aide à la sculpture pour la décoration des châteaux, et les grandes salles en étaient souvent couvertes.

Enceintes urbaines.

On sait qu'un grand nombre de villes et de bourgades furent érigées en communes au XII° et au XIII° siècle. Cette institution, l'une des plus importantes révolutions sociales du moyen-âge, produisit des changements immenses dans l'importance relative et l'état matériel des cités.

Bientôt l'esprit d'industrie s'y ranima, le commerce y devint un objet d'attention, et commença à fleurir ; la population augmenta sensiblement, et l'aisance parut dans des lieux qui avaient été longtemps le séjour de la pauvreté.

Alors les villes s'accrurent et s'embellirent.

La plupart furent entourées de murailles, et celles qui en avaient déjà élargirent leur vieille enceinte.

Philippe-Auguste fit établir autour de Paris une nouvelle ceinture de murailles, qui fut terminée en 1211 ; ce mur était flanqué de plusieurs centaines de tours et percé de vingt-quatre portes.

Diverses parties, très-bien conservées, des murs d'enceinte de la ville de Blois appartiennent au temps de saint Louis.

Les tours, presque toujours cylindriques, furent disposées le long des murs des villes, comme elles l'étaient le long des murs des châteaux.

Les murs, quand ils étaient mis en état de défense, étaient couronnés de ces galeries saillantes, en bois, dont la tour de Laval (p. 243) m'a fourni un remarquable exemple. Au moyen de ces encorbellements en bois, appelés *hourds*, on pouvait dominer le pied des remparts, et jeter des pierres ou d'autres projectiles sur les assiégeants, par des intervalles ménagés entre les pièces de bois supportant le parapet en surplomb.

Mais ces couronnements en bois pouvaient être incendiés, et les ingénieurs du XIIIᵉ siècle ont cherché les moyens de substituer la pierre au bois. Ainsi, la grande tour de Coucy avait des corbeaux en pierre pour support de la galerie, vraisemblablement en bois, qui correspondait aux ouvertures du dernier étage ; on pourrait citer d'autres exemples des tentatives qui furent faites pour substituer la pierre au bois.

Ce ne fut cependant qu'au XIVᵉ siècle que cette amélioration devint générale, et que les encorbellements de pierre remplacèrent généralement ceux que l'on avait faits en bois.

L'enceinte d'Aigues-Mortes présente la forme d'un parallélogramme rectangle : des tours, la plupart semi-circulaires à l'extérieur du mur et carrées à l'intérieur, de manière à présenter peu de saillie sur le rempart intérieur et à faire ligne avec lui, s'élèvent à une certaine hauteur au-dessus du parapet.

Les portes principales s'ouvrent entre deux tours ;
l'intervalle qui existe entre ces dernières est oc-

UNE DES PORTES D'AIGUES-MORTES.

cupé par la salle où l'on faisait manœuvrer les
herses ; chaque porte en avait deux : l'une pour
la porte extérieure, l'autre pour la porte intérieure.

De beaux escaliers, dont les marches reposent sur
des voûtes en quart de cercle, permettaient de

9

monter sur le rempart, de chaque côté de ces grandes portes.

REMPARTS ET TOURS D'AIGUES-MORTES, VUS DE L'INTÉRIEUR DE LA PLACE.

Les voûtes des tours sont garnies d'arceaux croisés. Quelques cheminées existent dans les salles qui surmontent les portes ; le tuyau qui les termine est octogone.

On sait que ces beaux remparts furent élevés par Philippe-le-Hardi (1270-1285) ; ils appartiennent conséquemment à la fin du XIIIᵉ siècle.

Dans plus de deux cents portes de villes ou de châteaux antérieurs au XIVᵉ siècle, qu'il m'a été

permis de visiter, je n'ai pas trouvé la trace des
ponts-levis tels qu'ils furent établis plus tard.

UNE DES PORTES DE L'ENCEINTE MURALE DE LAON.

V. Petit del.

Les ponts-levis manœuvraient au moyen de
poutres formant leviers, auxquelles le tablier était
suspendu. Je n'ai pas aperçu la trace des rainures
dans lesquelles venaient se loger les poutres ou

leviers, et ce système ne fut, je crois, général
qu'au XIV⁰ et au XV⁰ siècle.

La herse, qui s'abaissait derrière les portes en
suivant une coulisse taillée dans la pierre, avait

PORTE GARNIE DE SA HERSE.

pour objet de multiplier les obstacles ; on la faisait
mouvoir de l'appartement qui surmontait la porte,
et ceux qui se laissaient prendre entre les herses,

pouvaient être assommés d'en haut, ou percés de flèches à travers les barreaux.

Quand les rivières passaient en dehors des murs, et qu'on avait pu les utiliser pour la défense, les ponts avaient à leurs extrémités deux forteresses : l'une pour défendre l'entrée du pont, l'autre pour arrêter la troupe qui aurait pu le franchir ; ces ouvrages, appelés *têtes de pont*, se composaient

VUE D'UNE TÊTE DE PONT.

quelquefois de plusieurs tours et formaient un petit fort carré, défendu de tous côtés.

Il arrivait aussi, quand le pont avait un certain nombre d'arches, que la dernière de chaque extrémité n'était pas voûtée et qu'un pont en bois reposait sur les piles.

Il y avait dans certaines localités des tours établies sur le pont même ; le pont de Cahors nous en a offert plusieurs (V. la page 277).

CHAPITRE V.

ÈRE OGIVALE SECONDAIRE.

ARCHITECTURE RELIGIEUSE.

--

Forme des églises.

Un changement notable s'introduisit, au XIVe
siècle, dans le plan des églises par l'addition d'un
rang de chapelles le long de chacun des bas-côtés
de la nef. Ces chapelles, qui forment en quelque
sorte le complément des temples du moyen-âge
furent, à cette époque, construites en sous-œuvre
dans un grand nombre d'églises, comme à Coutances,
à Bayeux (V. la page suivante) et dans beaucoup
de cathédrales du XIIIe siècle ; à partir du XIVe
siècle, on donna souvent à la chapelle terminale
dédiée à la Sainte-Vierge de plus grandes dimensions
qu'auparavant.

Contrairement à ce qui passe dans le nord ; dans
le midi de la France, dans le sud-ouest, etc.,

beaucoup d'églises du XIVᵉ siècle n'ont pas de bas-

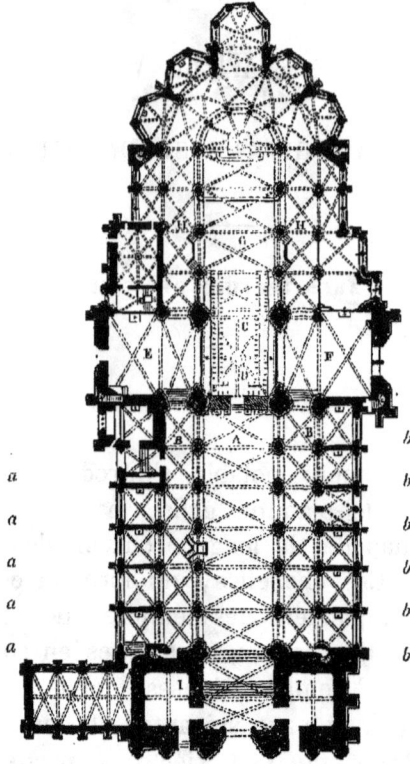

a. Chapelles ajoutées du côté du nord. —b. Chapelles ajoutées du côté du sud.

PLAN DE LA CATHÉDRALE DE BAYEUX.

côtés accolés à la nef ; le chœur n'en a lui-même que
par suite de la clôture du jubé et des stalles qui le
séparent du reste de l'église.

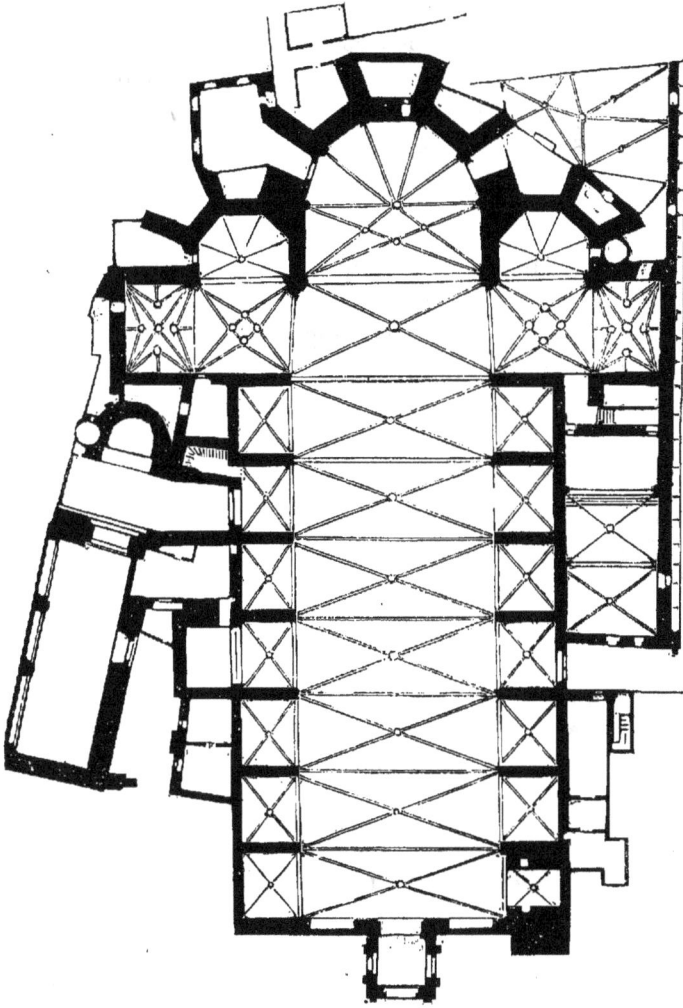

PLAN D'UNE ÉGLISE DU MIDI DE LA FRANCE SANS BAS-CÔTÉS.

Au lieu de bas-côtés, on trouve des chapelles rectangulaires entre les épis des contreforts qui reçoivent les arceaux des voûtes. On a fait alors quelquefois, au-dessus de ces chapelles, des tribunes correspondant exactement à celles-ci et éclairées par de longues fenêtres à deux ou trois baies et à sommet garni de trèfles encadrés ; mais le plus souvent il n'y en a pas. On comprendra cette disposition par l'esquisse qui suit de deux travées de la cathédrale de St-Bertrand-de-Comminges (Haute-Garonne). (V. la page suivante.)

Ainsi, au XIVᵉ siècle, les églises du Midi n'ont presque jamais de *triforium*, et le *clérestory* occupe les deux tiers de la hauteur des murs latéraux. La même ordonnance a été observée, au XVᵉ et au XVIᵉ siècle, dans cette partie de la France.

Contreforts.

La largeur considérable que prirent, au XIVᵉ siècle, les fenêtres du *clérestory*, et le peu de résistance que les murs à jour offrirent alors à la poussée des voûtes, obligea de renforcer les parties solides, entre les fenêtres, au moyen d'un plus grand nombre d'arcs-boutants. Le même contrefort servait souvent, dans le Nord, de support à deux arcs superposés (Amiens, St-Ouen de Rouen, Le Mans, etc.).

Les clochetons n'avaient pas seulement pour but

DEUX TRAVÉES DE LA CATHÉDRALE DE SAINT-BERTRAND-DE-COMMINGES.

de couronner le contrefort, ils servaient aussi par
leur poids à l'affermir contre la poussée des voûtes
et des arcs-boutants.

Dans les contrées méridionales dont je parlais tout
à l'heure, l'absence de bas-côtés saillants le long de
la grande nef a dispensé d'établir des arcs-boutants ;
les contreforts se sont élevés verticalement jusqu'au
haut des murs, offrant souvent beaucoup de saillie.
L'intéressante église des Jacobins de Toulouse,
que je présente à la page 300, nous fournit un
exemple de la disposition habituelle des contreforts,
dans le Midi. Cette église, entièrement construite
en briques, est une des plus hardies que je connaisse.

L'emploi de la brique a entraîné des modifications
dans la forme des ouvertures et dans celle des
ornements, et ici surtout l'influence des matériaux
a été tellement considérable que l'observateur étranger au pays reste dans le plus grand embarras,
quand il s'agit de déterminer une date pour ces
constructions dont les ogives se ressemblent pendant
plusieurs siècles.

Ornements.

La plupart des ornements du XIIIᵉ siècle se retrouvent dans le XIVᵉ.

Les feuillages, dont j'ai précédemment offert des

ÉGLISE DES JACOBINS DE TOULOUSE, ENTIÈREMENT CONSTRUITE EN BRIQUES.

types en parlant de la flore murale, et qui ornent souvent les monuments de la deuxième moitié du XIIIᵉ siècle, caractérisent tout autant le commencement du XIVᵉ.

A part ces analogies, les moulures offrent un faire différent au XIVᵉ siècle, dans la seconde moitié, surtout. Si l'on remarque, en général, beaucoup de *facilité* dans les sculptures, on y trouve aussi de la maigreur ; les tores n'ont plus la rondeur ni la saillie qui les distinguent dans le XIIIᵉ ; en un mot, ce n'est plus la même touche. Ces différences sont plus faciles à saisir à l'œil qu'à exprimer dans une description.

Voici quelques chapiteaux du XIVᵉ siècle avec ornementation végétale.

CHAPITEAUX DU XIVᵉ SIÈCLE ORNÉS DE FEUILLAGES.

PENSÉES ET MYOSOTIS.

FEUILLES DE RENONCULES.

Arcatures.

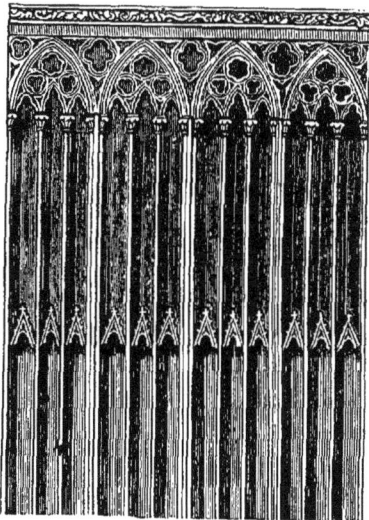

Les arcatures sont couronnées de frontons triangulaires souvent garnis de crochets.

On voit aussi les murs décorés d'arcatures très-élevées, subdivisées par de légers meneaux, et le sommet rempli de broderies comme les fenêtres. Ce genre de décoration fut

souvent employé sur les grandes
surfaces dépourvues d'ouvertures, principalement à la fin du
XIVᵉ siècle et dans le siècle suivant.

Les crochets, placés avec pro-
fusion sur les parties que j'ai
déjà désignées, sont plus serrées
que dans le XIIIᵉ siècle. Quelques-uns se transforment en
larges feuilles recourbées.

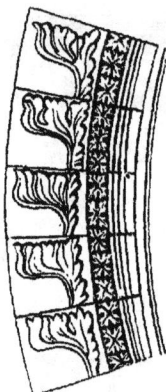

Triforium.

Au XIVᵉ siècle, un changement très-notable se
manifesta dans la galerie du *triforium :* au lieu
d'être obscure comme auparavant, elle devint trans-
parente au moyen de fenêtres qui correspondaient
aux arcs de la galerie.

Le spécimen suivant montre un *triforium* transparent, au-dessous d'une large fenêtre de *clérestory :*
alors les murs furent véritablement à jour (cathédrale de Strasbourg, etc., etc.). Quelques *triforiums*
transparents sont attribués à la deuxième moitié
du XIIIᵉ siècle, mais la plupart ne sont que du
XIVᵉ ou du XVᵉ.

TRIFORIUM TRANSPARENT.

Colonnes.

La disposition des colonnes est la même dans le XIVᵉ siècle que dans le XIIIᵉ ; celles qui sont groupées commencent à devenir maigres et ne se détachent pas aussi bien qu'auparavant des piliers qui les soutiennent. Au commencement du XIVᵉ siècle , il n'est pas rare de rencontrer encore des chapiteaux que l'on serait tenté de rapporter au XIIIᵉ ; mais bientôt la corbeille se déforme et les feuillages changent de nature. On ne voit plus, vers le milieu du XIVᵉ siècle, ces crochets qui se courbent en volute et qui forment,

en quelque sorte, l'ornement obligé des chapiteaux
du XIIIᵉ.

Au XIVᵉ siècle, les feuillages sont disposés sur
les chapiteaux de manière à former deux bouquets
superposés, et à partager ainsi la corbeille en deux
parties à peu près égales. Cette combinaison est
aussi très-caractéristique du XVᵉ siècle. Il s'opère
en même temps, dans la forme des bases, un travail
de transformation d'où doit sortir un type nouveau.

Ces bases n'offrent plus de scoties évidées ou creusées comme au XIIIᵉ siècle ; elles disparaissent même
tout-à-fait et les deux tores sont très-écartés l'un de
l'autre.

Les socles ont une importance toute nouvelle dans
les piliers du XIVᵉ siècle. Souvent il y a autant de
socles que de colonnettes, et ils sont octogones ou
prismatiques. Quand le socle a plusieurs étages,
ces étages sont séparés par des moulures en retrait ;
quelquefois enfin la partie inférieure du pilier est un
massif dans lequel les socles paraissent pénétrer.

Fenêtres.

Au XIVᵉ siècle, plusieurs colonnes ou meneaux
divisaient ces ouvertures dans le sens de la largeur,
et le centre de l'arcade présentait plusieurs compartiments en forme de trèfles, de quatre-feuilles ou
de rosaces.

La combinaison la plus habituelle est celle qui suit, fig. A : deux ogives géminées, surmontées

FENÊTRES DU XIVᵉ SIÈCLE.

d'une rose polylobée, occupent toute la fenêtre. Chacune des deux ogives se décompose en deux parties ou en deux baies, surmontées d'une rose; de sorte que l'ensemble de la fenêtre présente, en grand, l'image des deux ogives géminées qu'elle encadre, et qui représentent elles-mêmes les fénêtres du XIII⁰ siècle. Dans les édifices d'un ordre inférieur, la fenêtre B est fréquente au XIV⁰ siècle. L'esquisse suivante montre une très-grande fenêtre du XIV⁰ siècle, telle qu'on en rencontre quelquefois à l'extrémité des transepts ou dans la façade occidentale des églises importantes.

FENÊTRE A HUIT BAIES DU XIV⁰ SIÈCLE.

Portes.

Les portes du XIV⁰ siècle diffèrent peu de celles du XIII⁰ : les voussures et les tympans sont également chargés de petites figures en bas-relief ; les frontons triangulaires qui les couronnent sont quelquefois découpés à jour au lieu d'être pleins comme dans le XIII⁰ siècle; ils sont aussi ordinairement plus élevés et garnis de crochets. Sur les tympans de quelques portes, des trèfles, des quatre-feuilles ou des rosaces remplacent les figures en bas-relief.

Arcades.

On ne trouve plus aussi fortement accentuées les moulures alternativement rondes et creuses, qui ornent, au XIII⁰ siècle, les archivoltes des grandes arcades ; les tores, moins bien arrondis et parfois elliptiques, ne produisent plus ces oppositions de lumière et d'ombre qui donnent aux arcs multiples du premier style ogival une précision si remarquable.

Tours.

Dans les tours couronnées d'une flèche en pierre, un trottoir garni d'une rampe se voit presque toujours entre la tour et la base de la pyramide qui la surmonte, à partir du XIV⁰ siècle. Jusque-là les toits pyramidaux des tours avaient reçu peu d'ornements : on y avait seulement sculpté des modillons imbriqués ou des tuiles festonnées ; mais, au XIV⁰, on les perça de trous découpés en trèfles, en rosaces, etc., on couvrit leurs angles de crochets. La réunion de ces différents caractères peut servir à distinguer les grandes tours du XIV⁰ de celles du XIII⁰ (V. mon *Abécédaire d'archéologie, architecture religieuse*, p. 610).

Pavés.

Les pavés en terre cuite émaillée furent souvent employés pour le pavage des chapelles et des églises ; on en forma parfois de magnifiques rosaces.

Peintures murales.

La peinture employée dans les siècles précédents, et qui, au XIIIᵉ siècle, avait couvert les portails, les arcatures et les parties les plus remarquables des édifices, fut également prodiguée au XIVᵉ. Il nous reste, de cette époque, un grand nombre de décorations polychrômes, malheureusement ternies et grandement détériorées.

Peinture sur verre.

Si l'on considère l'effet général, l'harmonie des teintes et la richesse des couleurs, le bel âge du vitrail, c'est le XIIIᵉ siècle, surtout le temps de saint Louis. A mesure qu'on s'écarte de cette époque, si brillante aussi pour l'architecture, les productions des peintres-verriers perdent de leur éclat, mais les figures plus grandes sont dessinées avec soin.

Géographie du style ogival secondaire.

Dans le midi de la France, ou plutôt au-delà de la Loire jusqu'à la Méditerrannée, les beaux monuments à ogives furent toujours assez rares ; ils témoignèrent de la timidité des architectes et de leur tendance à se rapprocher des types des siècles

précédents. Il faut toutefois, comme nous l'avons
fait déjà pour une autre époque, excepter quelques
cathédrales, telles que celles de Clermont, de Narbonne et plusieurs autres.

En considérant que, dans le midi de la France et
sur les bords du Rhin, les architectes étaient encore,
au XIIIe siècle, fidèles aux principes de l'école du
XIIe, on pourrait être tenté de croire qu'au XIVe siècle
ils auraient dû adopter le style ogival primitif ; mais
il n'en est point ainsi : quand ils se décidèrent à
adopter le style ogival, ils le prirent dans l'état où
il se trouvait. Nous le voyons, au XIVe siècle, en
Allemagne et ailleurs, avec des caractères à peu près
semblables à ceux qui dominent chez nous.

Autels.

Les autels du XIVe siècle n'ont différé de ceux du
XIIIe que par la nature des détails d'architecture
qui sont entrés dans leur décoration, et qui offrent
les mêmes caractères que ceux des monuments de
l'époque.

Les *armoires* ou tabernacles établis dans les murs,
près de l'autel, affectent à peu près les mêmes dispositions qu'au XIIIe siècle.

Les *crédences*, quelquefois géminées, comme dans
le siècle précédent, n'ont plus cependant, vers le
milieu du XIVe siècle, qu'une seule arcade et une
seule piscine.

Fonts baptismaux.

Même observation à faire pour les fonts baptismaux
que pour les autels. Les formes usitées au XIIIᵉ siècle
se retrouvent dans le XIVᵉ ; seulement les fonts pédiculés à colonnes auxiliaires deviennent très-rares :

les colonnettes sont appliquées comme décoration

sur le support central et font corps avec lui, au lieu
de s'en détacher comme auparavant.

J'ai rencontré plus souvent les cuves à huit pans,
comme celles-ci, ornées sur chacune de leurs faces

de dessins ou compartiments qui figurent une fenêtre
rayonnante : dans quelques-unes des cuves de ce
type, des colonnettes encadrent chacune de ces
fenêtres et séparent les panneaux les uns des autres.

Tombeaux.

Les tombeaux du XIVᵉ siècle ne se distinguent

de ceux du XIIIᵉ que par la manière dont les ornements sont traités. Les caractères que j'ai indiqués pour l'architecture du XIVᵉ siècle, devront facilement faire reconnaître les tombes à arcades placées le long des murailles.

Pierres tombales.

Les pierres tombales ont été, au XIVᵉ siècle, magnifiques d'exécution : tous les détails du costume y sont rendus avec une grande exactitude; les compositions architecturales destinées à former l'entourage des personnages représentent des chapelles ou des travées d'une église. Ils ont leurs types correspondants dans les décorations de même genre dont on encadrait, au XIVᵉ, sur les vitraux, les personnages que l'église offrait à la vénération des fidèles (V. l'*Abécédaire d'archéologie*, 5ᵉ édition, p. 631). Dans le Nord, les Pays-Bas et dans quelques localités, ce sont des dalles de marbre gris ou noir qui ont été employées; dans l'Ile-de-France, la Normandie et une très-grande partie de la France, ce sont surtout des tables de pierre calcaire blanche ou jaune appartenant aux formations secondaires et tertiaires ; enfin, dans les régions granitiques et et schisteuses, on s'est servi des tables fournies par ces roches, mais elles étaient bien moins faciles à tailler et n'offraient que peu d'ornements.

9*

ARCHITECTURE CIVILE.

L'architecture monastique conserve, au XIVᵉ siècle, les dispositions générales adoptées précédemment; l'ornementation seulement se modifie : ainsi, les cloîtres montrent des arcades à plusieurs baies, couronnées de roses comme les fenêtres (V. p. 315).

On peut dire la même chose des évêchés et des

FENÊTRES DU XIVᵉ SIÈCLE.

autres grands édifices; notons pourtant que c'est

ARCS DE CLOÎTRE DU XIVᵉ SIÈCLE.

au XIVᵉ siècle que l'on commence à voir les grandes
fenêtres à croisées
de pierre qui de-
vinrent si com-
munes dans les
siècles suivants.

Les cheminées
conservèrent leur
forme élégante ,
et quand elles ne
furent pas cou-
vertes d'une py-
ramide, elles res-
semblèrent à une
colonne cylindri-
que ou octogone ,
quelquefois ornée
au sommet de
quatre-feuilles ou
d'autres moulures.

CHEMINÉE DU XIVᵉ SIÈCLE.

Hospices.

Les *hospices* , les *halles* , les *hôtels-de-ville* et les
autres bâtiments d'utilité publique n'ont différé de
ceux de même destination au XIIIᵉ siècle , que par
la forme de leurs ouvertures et la nature des
moulures.

Les hospices se composaient toujours d'une ou de plusieurs grandes salles pour les malades, de la maison conventuelle, et souvent d'une église. Ces bâtiments étaient disposés autour d'une première cour, mais il y avait souvent une seconde cour pour les dépendances de l'établissement.

L'hospice de Nuremberg offre des corps de bâtiments parallèles avec des cours au milieu, et sous

HÔPITAL DE NUREMBERG.

lesquels passe un bras de la rivière, que l'on a détaché du courant principal. Les salles de cet hospice ne m'ont pas paru remonter au-delà du XIVᵉ siècle.

L'hôpital de Nuremberg se trouve à proximité du pont, qui met en communication la partie nord de la ville avec la partie sud.

Nous ne parlerons pas des léproseries, parce que c'étaient plutôt une réunion de loges ou de cellules au milieu desquelles était une cour et une chapelle dédiée à saint Lazare, qu'un hôtel-Dieu ; il ne reste, le plus souvent, des nombreuses maladreries du XIII° et du XIV° siècle, que des chapelles peu considérables et sans intérêt architectonique.

Hôtels-de-ville.

Quelques hôtels-de-ville du XIV° siècle comme celui de Brunswick figuré dans mon *Abécédaire d'archéologie,* 3° édition, p. 256, montrent que l'importance acquise par ces monuments dès le XIIIe siècle (voir l'hôtel-de-ville d'Ypres, p. 251), se maintient au XIV° siècle et qu'alors on les décora de pinacles, de balustrades, de statues et des moulures les plus élégantes de l'époque.

Halles, boucheries, magasins.

Halles de Bruges. — Les halles de Bruges, qui peuvent être considérées comme un monument mixte, puisqu'elles sont surmontées du beffroi communal, forment un quatrilatère de 84 mètres sur 43. Les bâtiments les plus voisins du beffroi étaient

d'abord isolés ; les ailes furent ajoutées de 1325
à 1364.

Halles de Couhé (Vienne). — On attribue au XIVᵉ
siècle les halles de Couhé, dont je regrette de ne
pouvoir produire un dessin. Les charpentes en sont
portées sur des piliers en pierre.

Halles d'Évron. — Les halles en bois qui avoi-

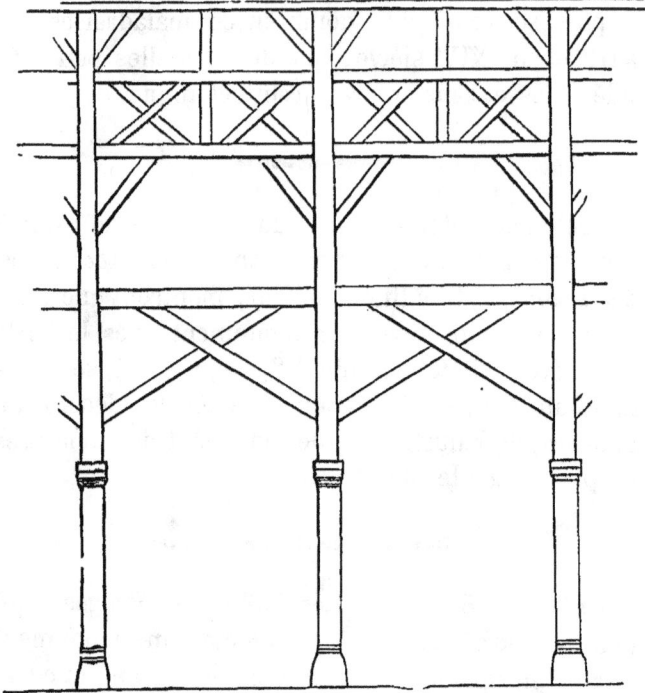

POTEAUX QUI SUPPORTENT LE GRAND COMBLE DES HALLES, A ÉVRON.

sinent l'église d'Évron datent, dit-on, du XIVᵉ siècle,

comme le chœur de l'église abbatiale ; elles se composent de deux nefs, formées par trois rangs de
poteaux.

Voici l'élévation des pièces de bois qui portent
le grand comble, et qui reposent sur la rangée de
poteaux qui sépare les deux nefs. Cette charpente
mériterait une étude. particulière, et je la recommande d'autant plus aux architectes, que ces grands
édifices en bois finiront par disparaître, et qu'on
ne les a pas encore suffisamment observés.

Halles de Dives. — Les anciennes halles en bois
de Dives ont une certaine importance. La partie la
moins ancienne, qui est vers l'est, paraît remonter
au XVIᵉ siècle ; les dix travées, beaucoup mieux

COUPE TRANSVERSALE DE LA HALLE DE DIVES.

construites, qui composaient la halle primitive datent

bien certainement du moyen-âge. Elles ont une
longueur de 32 mètres et une largeur de plus de
11 mètres, qui se décompose de la manière suivante :
la nef centrale, 7 mètres ; bas-côtés, 4 mètres 32.

Voici la coupe transversale des charpentes : la
même disposition des pièces se reproduit de travée
en travée jusqu'aux travées terminales.

Dans certaines villes populeuses où la corporation
des bouchers était puissante, comme à Gand (Belgique), son marché couvert était un monument.

Boucherie de Gand. — Ce grand édifice, dont les
touristes ordinaires font peu de cas, et que les
Itinéraires ne se donnent pas la peine de décrire,
se voit le long de la Lys. Il est divisé à l'intérieur
en deux nefs par des charpentes en bois. Les deux
portes des façades correspondent à ces deux nefs.
Construites vers la fin du XIVᵉ siècle, les Bou-
cheries de Gand furent considérablement augmen-
tées et probablement refaites en grande partie sous
Charles-Quint, en 1542 (V. la page suivante).

L'entrepôt de Constance, décrit et figuré dans mon
Abécédaire d'archéologie, peut donner une idée des
grands magasins du XIVᵉ siècle ; il se compose de
plusieurs étages dont les planchers en bois étaient
supportés par de robustes poteaux.

VUE D'UNE PARTIE DE LA BOUCHERIE, A GAND.   Bouet del

SALLE DE L'ENTREPÔT DE CONSTANCE.

Maisons privées.

Les maisons privées du XIV⁰ siècle étaient comme

au XIII⁰ siècle, en pierre et en bois; quand il y avait

dans le voisinage de bons matériaux faciles à extraire
et à transporter , on les utilisait de préférence ; mais
de pareilles conditions étaient assez rares et l'on
construisait souvent en bois , ce qui constituait un
système particulier d'architecture , les maisons en
bois étant l'œuvre des charpentiers : elles offraient
moins de difficultés d'exécution, le bois se trouvant
partout et pouvant être facilement assemblé , taillé et
sculpté.

Je choisis pour spécimen des maisons en pierre
les plus remarquables, une de celles qui existent à
Cordes (V. la page précédente) ;

Et pour les maisons de bois, le spécimen reproduit page 326.

ARCHITECTURE MILITAIRE.

Forme générale.

Dès le XIVᵉ siècle, les parties habitées des châteaux prennent des formes plus régulières et qui
tendent à se rapprocher du style moderne. Dans la
cour principale , qui est ordinairement carrée , de
grands et vastes corps-de-logis se lient intimement
aux murs d'enceinte. Ainsi, les ouvrages de défense
sont entremêlés d'appartements , et les *constructions
civiles s'accroissent aux dépens des fortifications*.
Plusieurs châteaux du XIIIᵉ siècle se complètent au
XIVᵉ par des additions considérables.

10

UNE MAISON EN BOIS PRÉSUMÉE DU XIVᵉ SIÈCLE.

Les tours des angles renfermaient ordinairement
des escaliers pour monter aux différents étages. On
plaçait aussi parfois un grand escalier dans une tour
élevée au centre de la façade principale de l'édifice.

Les hourds en bois qui couronnaient les murs
offraient, comme nous l'avons dit précédemment,
des inconvénients auxquels on cherchait à remédier.
Au XIVᵉ siècle, les galeries saillantes en pierre avec
machicoulis remplacèrent peu à peu les hourds dans

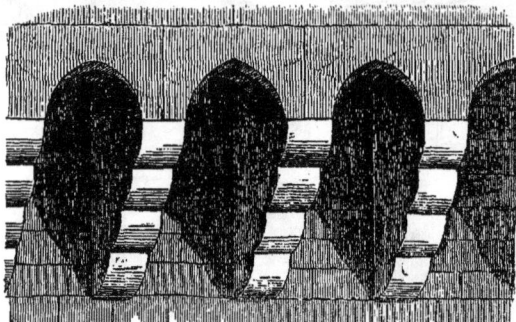

les places fortes. Les murs d'Avignon, ceux de
Cahors, reconstruits au XIVᵉ siècle, nous en offrent
de beaux exemples.

Les machicoulis ne se voyant guère avant le XIVᵉ
siècle et le XVᵉ, à défaut d'autre caractère, leur présence peut faire suspecter l'ancienneté des murailles
quand ils les couronnent d'une manière continue.

Les portes des cours sont presque constamment
défendues par deux tours et surmontées, comme au
XIIIᵉ siècle, d'une salle d'où l'on faisait manœuvrer

la herse. Ce fut au XIVᵉ siècle qu'elles commen-
cèrent, comme nous l'avons dit, à être pourvues de
pont-levis à bascules. La petite porte destinée aux
piétons avait son pont-levis particulier, comme le
montre la figure suivante.

INTÉRIEUR D'UNE PORTE AVEC PONT-LEVIS.

Nous citerons parmi les châteaux les plus complets
du XIVᵉ siècle celui de Pierrefont (Oisc), restauré
par ordre de l'Empereur.

La fameuse Bastille de Paris, détruite en 1789,
dont on trouve le *fac-simile* dans un grand nombre

de bibliothèques publiques, avait été commencée en
1369 par ordre de Charles V. Cette forteresse se
composait de logements très-élevés, disposés régulièrement autour d'une cour carrée longue ; quatre
tours semi-sphériques étaient aux angles du carré et
deux autres au milieu des deux grands côtés. Di-

VUE EXTÉRIEURE DE LA BASTILLE.

verses fenêtres carrées s'ouvraient à l'intérieur des
cours et même dans les murs extérieurs.

Vincennes est plutôt une place forte qu'un château
proprement dit ; on connaît la forme régulière de
l'enceinte, du donjon, des tours, des courtines, et
ce bel exemple d'un grand monument militaire du
XIVe siècle prouve qu'on adoptait alors un plan symétrique toutes les fois que le terrain le permettait.
Vincennes est trop connu pour que j'en donne la
description.

CHAPITRE VI.

STYLE OGIVAL DU XVᵉ SIÈCLE ET DU COMMENCEMENT DU XVIᵉ.

ARCHITECTURE RELIGIEUSE.

Quoique la forme habituelle des églises soit restée la même au XVᵉ siècle et au commencement du XVIᵉ, les architectes ont eu une certaine tendance à s'écarter de la régularité symétrique de l'époque antérieure ; ils ont fait aux églises existantes des additions qui en détruisent l'harmonie, en ajoutant, par exemple, des chapelles hors de proportion avec celles qui existaient auparavant.

Ornements.

Les formes prismatiques ou anguleuses dominent dans les moulures du XVᵉ siècle ; elles se manifestent dans les tores, les nervures, les traverses et jusque dans les moindres détails : ce qui donne aux ornements un air de maigreur, une sécheresse de trait que n'offrent point ceux des XIIIᵉ et XIVᵉ siècles.

Les feuillages affectent, à partir du XVᵉ siècle, des formes tout-à-fait différentes de celles que nous

avons remarquées au XIIIᵉ et au XIVᵉ : ce sont des
feuilles de choux frisés, de chardon et de quelques autres plantes. Les feuilles de vigne ont été employées avec les feuilles
déchiquetées : celles-ci
forment, dans les ram-
pants des portes, des
fenêtres, des corniches,
des guirlandes exécutées
avec tant d'art qu'elles
se détachent complète-
ment et tiennent à peine
au mur ; ces guirlandes
sont parfois enlacées
avec des rubans. Les
sculpteurs se sont souvent plu à figurer divers animaux au milieu des feuillages.

GUIRLANDES DE FEUILLES DÉCHIQUETÉES.

Les crochets, quelquefois peu différents de ceux
du XIVᵉ siècle, montrent, pour la plupart, un changement de forme analogue à celui des ornements.

Ordinairement ils représentent des feuilles de
chou ou de chardon frisées, arrondies, contournées
et ressemblant à des têtes de dauphins.

Contreforts.

Le fragment qui suit montre l'effet des panneaux,
des pinacles en application portant sur des animaux-
caryatides, enfin celui des frontons triangulaires

garnis de feuilles frisées au-dessus des fenêtres, et
surmontés de balustrades à compartiments flamboyants.

Colonnes et pilastres.

Bien souvent il n'y a plus de colonnettes, elles
sont remplacées par de sim-
ples nervures prismatiques.
Les chapiteaux les plus ordinaires sont ornés de feuillages frisés, disposés en deux
bouquets superposés l'un à
l'autre. Vers la fin du XVᵉ
siècle et au XVIᵉ, il n'est pas
rare de trouver absence complète de chapiteaux : alors
les nervures des piliers se
prolongent, sans interrup-
tion, jusqu'au faîte de l'édifice et ne font qu'un avec les
arceaux ramifiés de la voûte.
Sur quelques pilastres, on
trouve des pinacles, des mou-
lures d'un grand relief plus ou moins compliquées,
et des consoles qui devaient supporter des statues.

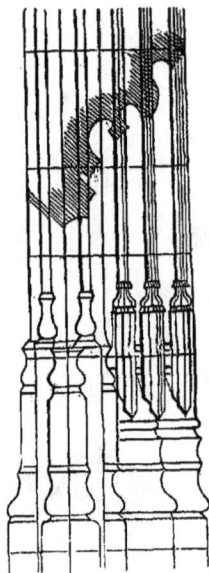

Portes.

Les portes en arcs surbaissés , que l'on appelle
arcs Tudor, parce qu'ils ont été très-usités en An-

gleterre sous le règne de Henri VII et Henri VIII ,
se rencontrent surtout vers la fin du XVᵉ siècle ou
au commencement du XVIᵉ (règne de Louis XII) ;
elles sont, comme les autres , garnies de belles
feuilles recourbées et couronnées d'un panache
pédiculé.

Fenêtres et roses.

Les compartiments qui divisent les fenêtres et les

ouvertures circulaires appelées roses , présentent
le plus ordinairement des figures contournées , ressemblant à des flammes , à des cœurs allongés ,
etc., etc. , qui diffèrent des trèfles , des quatre-

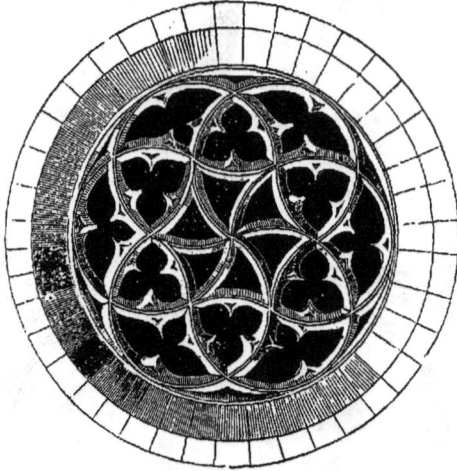

ROSE FLAMBOYANTE A COMPARTIMENTS TRIANGULAIRES.

feuilles et des autres figures rayonnantes. C'est
en raison de ces formes contournées, si souvent
reproduites dans les compartiments des fenêtres,
des roses , des balustrades, et dans les ornements
figurés sur les murs, qu'on a désigné le style
ogival du XVᵉ siècle sous le nom de *gothique flamboyant*.

Voûtes.

Les arceaux des voûtes deviennent plus saillants et prismatiques : ces voussures commencent aussi à se ramifier dans la deuxième moitié du XVe siècle, et au XVIe les points de jonction portent parfois des pendentifs.

Tours.

Les tours du XVe siècle offrent une grande variété de formes : il y en a dont les flèches sont très-élégantes (Belgique, Aunis, Bordelais, Normandie, etc.); d'autres sont carrées, flanquées de contreforts saillants, et qui n'ont rien de la légèreté des premières.

Au XVe siècle, au lieu de flanquer de deux tours les façades des grandes églises, on a souvent élevé une seule tour carrée au milieu du fronton occidental, comme à St-Riquier (Somme), à St-Jean de Caen, dont la tour occidentale est en partie du XVe siècle, à St-Jacques d'Anvers, St-Bavon de Gand, à la cathédrale de Berne, à la cathédrale d'Ulm, etc., etc.

Beaucoup de tours de cette époque offrent, sur les angles de l'édifice carré qui supporte la pyramide, des obélisques ou clochetons qui se rattachent au corps du clocher par des arcs-boutants d'une légèreté extrême, dont l'intrados est orné de festons et de découpures.

Il y aurait une étude intéressante à faire sur les tours du XVe siècle que renferme la ville de Rouen; elles sont toutes d'une remarquable élégance, quoique, comme celles de Verneuil, de Laigle et autres, elles ne se terminent pas par des flèches.

Autels.

On peut voir dans mon *Abécédaire d'archéologie* plusieurs spécimens d'autels en pierre du XVe siècle (V. p. 682 et suivantes).

L'autel dont voici l'esquisse a 2 mètres 40 de

UN DES AUTELS DE L'ÉGLISE DU FOLGOAT (FINISTÈRE).

long sur 90 cent. de profondeur et 1 mètre 8 de

hauteur : trois colonnettes en supportent, en avant, la décoration qui se compose de quatre arcatures, séparées alternativement par une colonne et par un pendentif.

Tabernacles.

On trouve, au XVe siècle, des tabernacles ou ciboriums en pierre qui peuvent aussi être considérés comme étant un accessoire des autels, quoiqu'ils en fussent le plus souvent séparés et accolés aux murs voisins comme les crédences : il nous en reste quelques-uns.

Le spécimen suivant offre l'image de ceux que j'ai vus dans plusieurs églises ; mais nous en avons donné de bien plus considérables dans l'*Abécédaire d'archéologie*.

Quelques crédences, de la fin du XVe siècle, sont aussi très-remarquables par le nombre et le fini de leurs moulures (V. la page suivante).

H. MEUNIER

CRÉDENCE DE LA FIN DU XVᵉ SIÈCLE, DANS LA CHAPELLE DE JUCOVILLE.

Fonts baptismaux.

Les formes usitées, au XIVe siècle, pour les [fonts baptismaux l'ont été également au XVe, mais les fonts de ce dernier siècle et du commencement du XVIe offrent, quand ils ont été sculptés avec soin, des moulures prismatiques semblables à celles qui décorent les niches, les dais et les pinacles de l'architecture ogivale de l'époque tertiaire.

Les fonts monopédiculés à réservoir et à support octogones ne sont pas rares dans le XVe siècle : les uns se rapprochent de la forme d'un calice et offrent en dehors la forme hémisphérique ou ovoïde ; d'autres sont plus hauts sur pied, et la cuvette, moins profonde, présente un plan à peu près horizontal en dessous.

Le font baptismal de la cathédrale de Bâle est pédiculé ; le calice est à huit pans. Il porte la date de 1465. Le Christ baptisé dans le Jourdain, saint Laurent, saint Jacques, saint Paul, saint Pierre et saint Martin sont figurés sur les huit pans de ce calice. L'empiètement est de forme octogone, comme le calice.

Les fonts en bronze de l'église St-Sebald, à Nuremberg, présentent la forme d'un cylindre garni de cercles en relief. Les contours en sont gracieux et la surface du cylindre, divisé en deux étages, est tapissée d'arcatures en accolade. Les quatre évangélistes se détachent, portés sur des socles, et paraissent

FONT BAPTISMAL DANS L'ÉGLISE DE SAINT-SEBALD.

supporter la fontaine ou vasque formant la partie supérieure du font.

Jubés. Clotures en pierre.

Les jubés sont des espèces de barrières ou de clôtures très-ornées, placées entre la nef et le chœur ; ils supportent ordinairement une tribune où l'on venait lire l'évangile, comme on l'avait fait auparavant sur l'ambon. Les plus beaux qui nous restent datent de la fin du XVe siècle ou du commencement du XVIe (Alby, Rhodez, Folgoat, Brou, etc., etc.).

Aux jubés se rattachent naturellement, au XVe siècle, les clôtures en pierre qui séparent le chœur des bas-côtés et qui, dès le XIIIe , se voient dans quelques églises ; elles deviennent, aux XVe et XVIe siècles, d'une richesse vraiment étonnante (Alby).

Tombeaux et pierres tombales.

A la fin du XVe siècle et au XVIe, on employa presque constamment pour les tombeaux arqués l'arc en accolade semblable à celui-ci. Nous voyons , en Bretagne , une certaine quantité de tombeaux de ce genre le long des murs des grandes églises.

ARC TUMULAIRE EN ACCOLADE.

Au XVe siècle , on trouve les pierres tombales chargées, comme les tombes en relief, d'une infinité de détails d'architecture. Le défunt est re-

PIERRE TOMBALE DU XVe SIÈCLE.

présenté au centre d'un riche portail, dont les fais-
ceaux de colonnes portent de petites figures de
saints placées à différentes
hauteurs, ou bien dans une
niche couronnée d'un dais.

Croix de cimetière.

Au XVe siècle, on a
sculpté beaucoup de croix
en pierre dans les cime-
tières, et le style des moulures en caractérise suffisamment l'époque.

Sur quelques croix de Bretagne on distingue des groupes de personnages assez
compliqués, et d'un travail
d'autant plus remarquable
qu'elles sont en pierre très-
dure.

CROIX DE SCAER (FINISTÈRE).

ARCHITECTURE CIVILE.

Les caractères de l'architecture civile du XVe siècle
sont, quant aux moulures d'ornement, les mêmes
que ceux de l'architecture religieuse.

Architecture monastique.

L'architecture civile monastique se plie au goût du temps et l'on adopte dans les arcades des cloîtres, dans les fenêtres ogivales, les formes contournées que nous avons signalées dans l'architecture religieuse.

Pour le prouver, nous n'avons qu'à mettre sous les yeux la figure qui suit d'un cloître de la fin du XVᵉ siècle, avec ses arcs à compartiments flamboyants écrasés par des frontons à bouquets, les uns en accolade élancée (B), les autres brisés ou composés de plusieurs segments de courbes d'un effet peu agréable (A) (V. la page suivante).

Les feuillages déchiquetés dont on décore les voussures des portes sont quelquefois évidés avec une prétention et une recherche d'exécution marquée.

Les fenêtres carrées avec croisées de pierre se multiplient dans les étages supérieurs des constructions civiles. On voit ainsi une tendance à laisser de côté l'arc en tiers-point pour les ouvertures rectangulaires qui devaient être à peu près exclusivement employées un siècle plus tard.

La porte d'entrée des abbayes et prieurés est toujours dans un pavillon et surmontée d'un appartement; la disposition générale est la même.

FRAGMENT D'UN CLOITRE DU XVᵉ SIÈCLE.

Hôtels-de-ville.

Louis XI, dont la politique tendait à affaiblir de plus en plus la puissance des grands feudataires, érigea un grand nombre de nouvelles communes dans la seconde moitié du XVe siècle, et toutes les villes rivalisèrent entr'elles dans l'édification de leurs palais communaux, dont plusieurs subsistent encore et offrent une série d'édifices extrêmement intéressante à observer.

Le beffroi devint alors une tour élégante et légère, ornée de découpures comme celles des églises. Les villes employaient quelquefois des sommes considérables pour construire et orner leur beffroi, afin qu'aperçu de plus loin, il donnât une grande idée de leur puissance.

Nous avons cité, dans l'*Abécédaire d'archéologie,* un grand nombre de beffrois du XVe siècle. Nous n'en décrirons, ici, que deux : celui de Douai et celui d'Évreux.

L'hôtel-de-ville de Douai, de la deuxième moitié du XVe siècle, est plus remarquable par son beffroi que par l'étendue ou l'élévation de ses bâtiments. La façade principale offre, au rez-de-chaussée, trois portes ornées de feuillages frisés, dont une, celle du centre, est plus grande que les deux autres.

Au second ordre sont neuf fenêtres en ogive, ornées des mêmes feuillages que les portes.

L'attique qu'on remarque au-dessus de l'entable-

HÔTEL-DE-VILLE ET BEFFROI DE DOUAI,

ment ne remonte pas, je crois, au-delà du règne de
Louis XIV.

Le beffroi ressemble
à une tour d'église ; il
se termine par une ai-
guille très-élégante en
bois garni de plomb,
ornée de plusieurs rangs
superposés de frontons
tréflés, la plupart sur-
montés de girouettes ;
quatre tourillons cir-
culaires et en encor-
bellement occupent les
quatre angles de la tour
à la base de cette ai-
guille, et leur toit conique porte quatre petites
lucarnes,également cou-
ronnées de girouettes.

La partie supérieure
du beffroi d'Évreux se
compose d'une tour à
pans coupés, couronnée
par une pyramide en
bois revêtu de plomb,
découpée à jour, et de
la plus grande légèreté.

BEFFROI D'ÉVREUX.

10*

Louis XI octroya à Évreux le droit d'avoir un maire, six échevins et un procureur choisi par les bourgeois parmi leurs pairs, pour connaître tous les différends qui concernaient les intérêts de la ville. Il est probable que la tour du beffroi fut élevée à cette époque; si la partie basse de cette tour est plus ancienne, l'élégante pyramide à jour qui couronne l'édifice ne peut être rapportée au-delà de la seconde moitié du XV⁰ siècle ; peut-être est-elle l'ouvrage des artistes qui firent la pyramide centrale de la cathédrale, également à jour et en bois revêtu de plomb.

Il est bon d'observer les timbres qui se trouvent dans les beffrois : quelques-uns sont anciens ; celui d'Arras est très-intéressant par sa forme évasée ; il porte l'inscription suivante, qui atteste qu'il fut fondu en 1434 :

LAN : M : CCCC : E : IIII JE : FULS FAIS

Le timbre du beffroi de Vire, qui date de la fin du XV⁰ siècle, porte aussi une inscription.

Disons, en terminant, que beaucoup de communes n'avaient ni hôtel-de-ville, ni beffroi ; le beffroi, pour elles, était la tour ou une des tours de l'église, et c'était aussi dans l'église que se tenaient les assemblées municipales.

Hospices.

Dans les salles d'hospices nous retrouvons, au XVᵉ siècle et au XVIᵉ, la disposition que j'ai signalée dans la grande salle de l'hospice de Tonnerre et dans d'autres : cette disposition est la même aussi dans les hôpitaux de cette époque, en Flandre. Mais je me borne à citer un des plus beaux monuments connus de ce genre, l'hospice de la ville de Beaune, fondé en 1442.

L'aile du midi et celle de l'est sont précédées, jusqu'à la hauteur du toit, d'une galerie à deux étages : le premier étage de cette galerie, qui rappelle les cloîtres des abbayes, correspondant aux ouvertures du rez-de-chaussée ; le second accédant aux pièces supérieures et formant une sorte de balcon que j'ai trouvé dans un très-grand nombre de maisons de bois du XVᵉ et du XVIᵉ siècle.

Le grand toit qui recouvre cette espèce d'attique est interrompu par de grandes lucarnes symétriquement établies à deux niveaux, dont la disposition, dit M. Verdier, concourt à donner à toute cette partie l'air d'une décoration orientale. Les pignons trilobés de ces baies, à deux ou trois et même quatre ouvertures, sont faits d'une charpente artistement agencée ; de ces espèces de frontons ouvragés s'élèvent autant de girouettes à tiges de

fer, revêtues des plus délicats ornements de plomb.
Sur les faîtages court une crête légère du même métal.

L'aile du nord, qui borde la rue, renferme la

SPÉCIMEN DE L'AILE MÉRIDIONALE DE L'HOSPICE DE BEAUNE.

grande salle des malades. Que l'on se représente,
dit M. Verdier, un spacieux et magnifique vaisseau,
une nef d'église avec son sanctuaire, les tableaux
transparents de ses verrières, sa voûte carénée, ses
entraits, ses lambris peints d'ornements simples et
fortement accentués, sa grande ogive absidale, ses

dalles tumulaires, ses trois autels à l'Orient, son jubé,
ses stalles en forme de loges évidées à jour, puis ses
deux rangs de lits à ciel : voilà le tableau qu'offrait aux
regards, dans l'origine, cette magnifique salle.

Le plan que voici fera comprendre la disposition

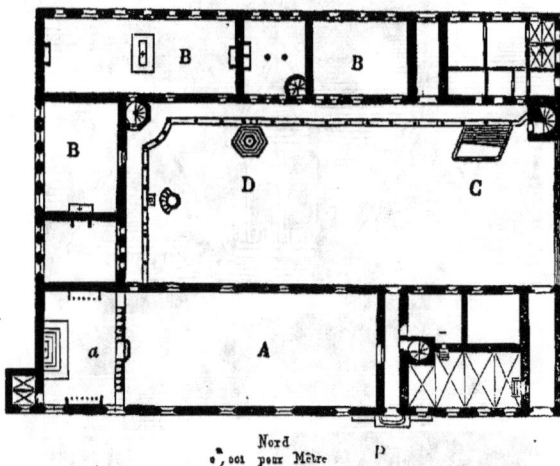

PLAN DE L'HOSPICE DE BEAUNE.

A. Grande salle des malades avec la chapelle à l'extrémité *a*. BB. Autres salles précédées des colonnes et de la galerie figurée p. 352. C. Lavoir. D. Puits. P. Entrée
principale.

et l'ensemble des salles. Dans la cour est un puits
dont l'armature en fer dessine une gracieuse couronne portée sur trois tiges en fer, et surmontée de
trois rampants ornés de découpures, dessinant un
toit conique en se réunissant.

La porte de l'hospice, vers la rue (P), est surmontée

d'un gracieux pendentif, espèce de baldaquin, portant au sommet, sur des pédicules, les statuettes de la Vierge, de saint Jean-Baptiste et de saint Antoine.

Entrepôts et magasins.

Les entrepôts continuent, au XV⁰ siècle, d'offrir des constructions imposantes et fort élevées. Je citerai, pour exemple, celui de Nuremberg. La porte

VUE EXTÉRIEURE D'UNE PARTIE DE L'ENTREPÔT, A NUREMBERG.

principale de ces vastes magasins est élégante ; le tympan porte des écussons avec la date de la construction, 1498. Le premier corps de bâtiment, auquel cette porte donne accès sur la rue, est le plus élévé ;

il est divisé, jusqu'au toit, en trois étages, et en quatre étages en y comprenant les belles caves voûtées; le toit lui-même renferme six étages ou galeries superposées les unes aux autres.

Fontaines.

Les fontaines à vasques n'étaient pas rares au XVᵉ siècle. Le piédestal d'où l'eau tombait dans le réservoir affectait des formes assez variées; on en faisait quelquefois en métal.

VUE DE LA FONTAINE DE CULLY (CALVADOS).

Parmi les fontaines à simple réservoir ouvert, on

peut citer celle de Cully (Calvados), dont la source arrive par deux ouvertures cintrées, au-dessus desquelles on remarque une petite niche tréflée.

Hôtels, maisons et manoirs.

Plusieurs hôtels dans les villes, les grands manoirs qui, avec l'habitation du maître, embrassaient tout ce qui était nécessaire pour une exploitation agricole, ont offert une importance toute aussi grande que les édifices publics.

L'hôtel de Jacques Cœur, à Bourges, est un des monuments civils les plus somptueux de la seconde moitié du XVe siècle. Nous citerons encore comme exemples celui de Cluny et un très-grand nombre de grands hôtels ou palais des XVe et XVIe siècles.

Nous donnons la vue générale d'une maison de campagne, dans laquelle l'habitation seigneuriale est jointe à l'exploitation rurale.

Dans ces manoirs, où l'on s'occupait d'agriculture, les divers bâtiments d'exploitation entourent une cour tantôt carrée, tantôt de forme irrégulière. Des remises, des écuries, des granges, des celliers, des étables, puis l'habitation du maître, forment la ceinture de maisons disposées autour de la cour.

Dans les hôtels et les manoirs construits en pierre, l'escalier se plaçait très-fréquemment dans une

GRAND MANOIR AVEC BATIMENTS D'EXPLOITATION RURALE, A CULLY (CALVADOS).

tourelle formant saillie sur la façade de l'édifice.
Cette tourelle à
pans coupés était
très-souvent cou-
verte d'un toit à
double égout, et,
pour établir ce
toit, on revenait
à la forme carrée
au moyen de deux
pendentifs. Les
rampants du toit
étaient garnis de
crochets.

Cependant bien
des tours d'esca-
lier conservaient
leur forme jus-
qu'au toit.

TOUR D'ESCALIER A PENDENTIFS.

Les maisons du XV⁰ siècle et du commencement
du XVI⁰ sont encore très-nombreuses dans les villes
de province qui n'ont pas subi, comme Paris, une
transformation complète ; elles nous offrent absolument les mêmes détails d'ornement que les autres
édifices du même temps. Les chardons rampants,
les feuilles de choux frisés et autres moulures semblables, ornaient les portes en ogives et quelquefois

les corniches ; des panneaux tapissaient certaines parties des murailles.

Les fenêtres, presque toujours carrées et subdivisées par des croix de pierre, avaient pour encadrement plusieurs rangs de nervures prismatiques ; un cordon portant sur des caryatides leur servait de couronnement.

Les fenêtres des combles ou lucarnes étaient couronnées de frontons pyramidaux extrêmement légers et parfois accompagnés de contreforts ou d'arcs-boutants festonnés et de pinacles couverts de crochets et de ciselures. Ce système d'ornementation existe pendant la première moitié du XVIᵉ siècle. Nous en trouvons un bel exemple dans le Palais-de-Justice de Rouen (V. la page suivante).

Dans certaines contrées où il n'était pas facile de se procurer de bonne pierre, les maisons de bois ont été plus nombreuses que les maisons en pierre.

Dans celles qui nous restent, les étages s'avancent assez souvent en saillie l'un sur l'autre, et les parties rentrantes qui règnent sur la longueur du bâtiment sont ornées de moulures. Les maisons figurées pages 361 et 362 montrent cette saillie progressive des étages les uns sur les autres ; dans les villes populeuses, on voyait souvent deux étages au-dessus du rez-de-chaussée, et un troisième étage sous le toit qui était éclairé par de grandes lucarnes. La plupart des

PALAIS-DE-JUSTICE DE ROUEN.

maisons bourgeoises avaient un pignon sur la rue ;
cette disposition était moins fréquente dans les hôtels
ou demeure des personnes riches.

Je produis pour exemple deux maisons en pierre,

MAISON DE PIERRE , A SAINT-PIERRE-SUR-DIVE.

d'abord celle qu'on voit à St-Pierre-sur-Dive , sur

11

le bord de la rivière, et qui doit être de la fin du XVᵉ siècle ; elle dépendait de l'abbaye des Bénédictins : on croit qu'elle a servi de prétoire pour la justice de l'abbaye. La tourelle octogone qui garnit un des angles renferme un oratoire très-élégant. Les poutres des planchers des grands appartements sont sculptées dans le goût de l'époque.

Secondement une maison plus considérable avec une cour à l'intérieur de laquelle des galeries et des escaliers, avec rampes découpées en pierre, accédaient aux différents étages (p. 363). Le mouvement et le relief de ces galeries produit dans cette maison, comme dans beaucoup d'autres dans lesquelles on voit des dispositions plus ou moins ressemblantes, l'effet le meilleur et le plus pittoresque. Quelques maisons ont, au rez-de-chaussée, des arcades autour de leurs cours.

Je donne ensuite deux maisons de bois, celle du Poids-Royal, à St-Lo, construite en 1494, et une autre qui existe encore à Honfleur (V. les pages 364-365).

Enseignes et sculptures emblématiques.

Dans les maisons en bois c'était souvent sur les poteaux corniers qu'on sculptait les figures emblématiques qui pouvaient servir d'enseigne ; ainsi à St-Julien-du-Sault, département de l'Yonne, on voit

MAISON EN BOIS DU POIDS-ROYAL, A SAINT-LO,

MAISON DE BOIS, A HONFLEUR.

sur la place une maison qui, au XVᵉ siècle, était une hôtellerie et qui porte des sculptures annonçant cette destination : ainsi, à l'encoignure du nord , une figure en cul-de-lampe , à face joviale , tenant un broc et un verre qu'elle semble offrir , annonce que là on pouvait boire à loisir. Au-dessus, dans une double niche , on voit saint Jean avec l'agneau et le vêtement de poil de chameau, puis saint Jacques de Compostelle avec le bourdon et le chapeau de pélerin, allusion évidente aux voyages et aux voyageurs.

A l'autre encoignure paraît sainte Barbe avec un livre, une tour et une palme de martyre, et, au-dessous, un fou en cul-de-lampe: la présence de cette dernière figure équivaut à l'inscription : *Ici on s'amuse.*

SCULPTURES SUR UNE MAISON DE BOIS , A SAINT-JULIEN-DU-SAULT (YONNE).

Je me hâte d'ajouter que les enseignes saillantes
portées en avant sur des branches de fer plus ou
moins ouvragées ont eu, dès la fin du XVᵉ siècle,
une certaine importance. Une des plus anciennes
qui nous restent est la croix de fer qui servait d'en-

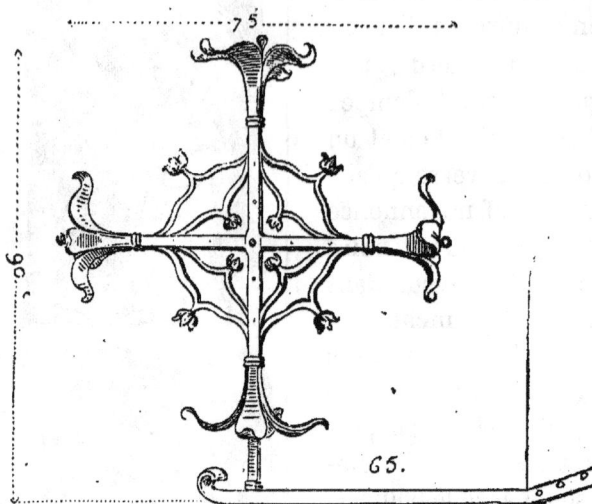

LA CROIX DE FER DE SAINT-QUENTIN.

seigne à la maison de ce nom, près de l'hôtel-de-
ville de St-Quentin ; il n'y a que très-peu d'années
elle était encore à sa place. Cette croix ancrée, dans
le style flamboyant, a été décrite par M. Gomart dans
le *Bulletin monumental*, et je me suis empressé de la
faire graver d'après son dessin.

ARCHITECTURE MILITAIRE.

Les progrès de la civilisation disposèrent de plus en plus les seigneurs et les barons à donner à leurs demeures un aspect moins sévère, à les rendre plus commodes, à abaisser ces hautes murailles qui semblaient les isoler des populations voisines.

Louis XI, dont la politique tendait à abattre la puissance des grands feudataires, ne dut pas favoriser l'établissement des châteaux forts, et de nombreux documents prouvent que, sous ce prince et ses successeurs, ce n'était pas sans difficulté qu'on relevait ceux qui étaient tombés en ruine.

Une circonstance, plus puissante que toutes les autres, diminua d'ailleurs l'importance des anciens châteaux dont la force consistait surtout dans la hauteur des murs : je veux parler de l'usage de l'artillerie et des armes à feu qui devint général au XVe siècle. Les hautes tours crénelées et les remparts les plus formidables ne pouvaient résister au feu du canon ; on prévit que le système de défense serait bientôt changé, et qu'une révolution allait s'introduire dans l'art de la guerre ; alors, on dut attacher beaucoup moins d'importance à ce qui avait fait auparavant la force des places et des maisons féodales.

Cependant bon nombre de châteaux de la seconde

moitié du XVᵉ siècle étalént encore à l'extérieur une certaine apparence de force ; l'entrée est défendue par des tours, des herses et des ponts-levis ; les murs sont garnis de tours et de machicoulis.

Forme générale.

La forme la plus ordinaire, à la fin du XVᵉ siècle, était la forme carrée. Ainsi, l'on voyait des forte-rèsses dont les bâtiments entouraient complètement la cour centrale ; dans d'autres, les constructions n'occupaient que trois côtés du carré, et le qua-trième était fermé par un mur. D'autres châteaux n'occupaient qu'un des côtés de l'enceinte. Les fossés qui entourent ces châteaux ont généralement une profondeur médiocre, et, sans l'eau dont ils étaient remplis presque constamment, ils n'auraient offert qu'un obstacle facile à franchir.

En effet, au XVᵉ siècle, ON NE CHERCHAIT PLUS LES ÉMINENCES POUR L'ÉTABLISSEMENT DES CHATEAUX ; on avait reconnu les incommodités de plus d'un genre attachées à ces hautes positions, toujours d'un accès difficile, et l'on était *descendu dans les plaines et les vallées*, où l'eau, si utile pour les besoins de la vie, se trouvait en abondance.

Ornements.

A l'intérieur, les châteaux ne se distinguent guère des palais ou des hôtels élevés dans les villes.

Ce sont d'ailleurs des moulures tout-à-fait con-
formes à celles que nous avons signalées pour l'architecture religieuse et civile du même temps, telles
que nervures prismatiques multipliées, arabesques,
feuillages profondément fouillés, crochets, panneaux
trilobés, dentelles de pierre, percées à jour, les
grandes feuilles contournées, dont le mouvement
rappelle la forme d'une tête de dauphin, les pinacles
en application, les niches, les tourelles en encorbellement, etc., etc., etc.

Les toits eux-mêmes n'étaient pas dépourvus d'ornements, leur faîte était garni de crêtes, de crochets
ou de diverses moulures en plomb ; le sommet des
toits coniques des tours offrait aussi des pinacles
ou épis en plomb, en fer ou en terre cuite.

Les créneaux reposent sur des encorbellements
très-allongés dont on pourrait signaler plusieurs variétés (V. la page suivante).

On améliora les constructions anciennes, on re-
construisit les portes en les garnissant de pont-levis
à bascules, dont l'usage devint général, on couronna
le sommet des murs d'une longue série de machicoulis ; quelquefois les murailles d'enceinte furent
agrandies et prolongées.

La Touraine et l'Anjou nous offrent un grand
nombre de châteaux de la deuxième moitié du
XVe siècle et du commencement du XVIe : tels
sont ceux de Langeais, Ussé, Le Coudray, Mont-

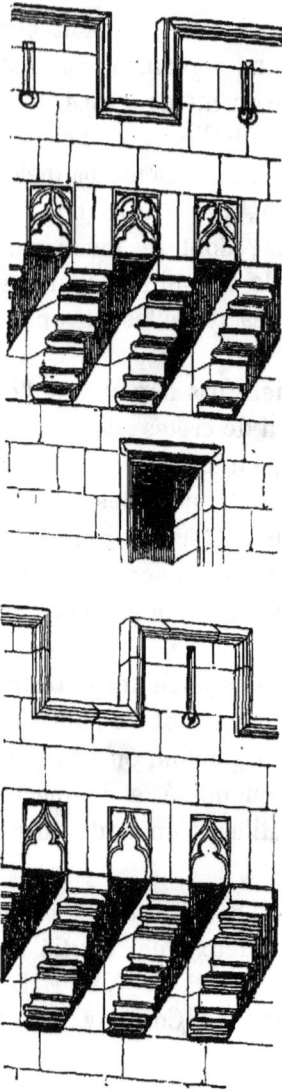

DÉTAILS DU CHATEAU DE MONTSOREAU.

pensier , Montsoreau , Montsabert , Le Plessis-
Bourré, Beaugé, Durtal, etc. M. Victor Petit, dans
son bel ouvrage sur les châteaux des bords de la
Loire, a prouvé que tous ces châteaux appartiennent à la deuxième moitié du XVᵉ siècle.

Jean Briçonnet, né à Tours, vers 1420, fut le
premier maire de cette ville, en 1467; il mourut le
30 octobre 1493, ayant eu six enfants de Jeanne Ber-
thelot, issue d'une famille de Tours, riche et consi-
dérée. Or, dans la généalogie de la famille Briçonnet,
le Père Anselme (*Histoire des grands officiers de
la Couronne* , t. VI, p. 428) dit que Jean Briçonnet
fut commis au paiement des ouvrages et bâtiments
du château de Langeais en 1465 et 1467. Il résulte
aussi des documents recueillis par M. Paul Mar-
chegay , que ce fut Jean Bourré , ministre de
Louis XI et gouverneur de Langeais , « qui fit bâtir
le nouveau château de Langeais. » Les comptes de
Jean Briçonnet datent de 1465-1467 ; or, c'est en
1467 que Jean Bourré commença la construction de
son propre château du Plessis qu'il fit bâtir en
entier de 1467 à 1472, dates précises et bien con-
statées par des documents incontestables ; ce château offre la plus grande similitude possible avec
le château de Langeais, qui semble avoir été le type
qui servit à Jean Bourré pour bâtir son nouveau
« logis. »

Les deux tours qui suivent, dont une est tirée du

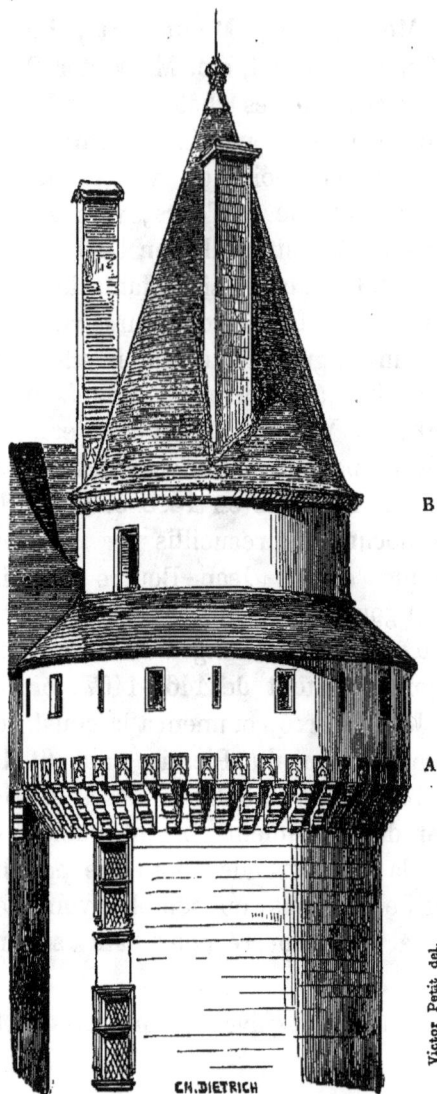

UNE DES TOURS DU CHATEAU DE LANGEAIS.

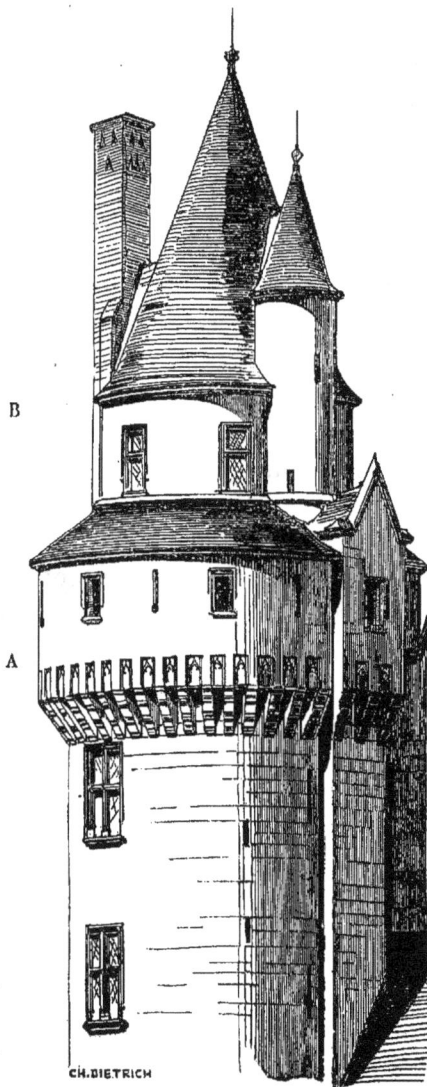

B

A

CH.DIETRICH

Victor Petit del.

UNE DES TOURS DU CHATEAU DU PLESSIS-BOURRÉ.

château de Langeais et l'autre de celui du Plessis-
Bourré, sont presque semblables; elles montrent
une disposition assez fréquente à cette époque et
d'ailleurs très-élégante. La partie cylindrique de la
tour s'élève et forme un étage B au-dessus de la
galerie des machicoulis A, de sorte que la tour se
trouve divisée en deux parties au lieu d'être recouverte par le même toit. Ce système, consistant
à établir ainsi plusieurs étages de défense pour les
tours et même parfois pour les courtines, avait été
adopté dès le XIVe siècle; mais je le vois bien plus
généralement employé au XVe siècle et au commencement du XVIe, quoique pourtant les deux systèmes se voient souvent dans le même château.

Les châteaux que nous venons de citer, dont
les dates sont certaines, nous offrent le type de
plusieurs centaines de châteaux répartis sur les diverses parties de la France, et qui, tous, appartiennent à la deuxième moitié du XVe siècle ou aux
premières années du XVIe.

CHAPITRE VII.

STYLE DE LA RENAISSANCE.

On appelle *Renaissance* le retour aux formes antiques, comme si l'art eût sommeillé pendant l'ère
ogivale et l'ère romane !!

Le style ogival, qui avait parcouru ses diverses périodes de perfectionnement et de dégénération,
touchait à son terme, durant la seconde moitié du
XVᵉ siècle. On allait, au XVIᵉ, abandonner l'arcade en
tiers-point pour reprendre le plein-cintre, abandonné
lui-même pour l'ogive depuis le XIIᵉ siècle : une immense révolution allait s'opérer dans l'architecture.

Les guerres qui, sous Charles VIII, Louis XII et
François Iᵉʳ, avaient porté l'élite de la noblesse en
Italie où elle avait puisé le goût de tout ce que la
Renaissance italienne avait produit dans les arts et
les lettres ; l'esprit d'innovation et de réforme qui
fermentait dans la société, aussi bien parmi les
artistes que parmi les théologiens, avaient préparé
les esprits pour ce grand changement qui commença
sous les règnes de Louis XII et de François Iᵉʳ.

Mais l'architecture dite de la Renaissance n'a pas
été généralement employée dans les constructions
religieuses du XVIᵉ siècle. L'ogive avait reçu pour
ces édifices une sorte de consécration ; longtemps

après l'adoption du style classique pour les constructions civiles, nous la voyons préférée pour les
monuments religieux : le XVII° siècle lui-même nous
fournirait des exemples de l'emploi de l'ogive ; il est
vrai qu'alors le style ogival est dépouillé le plus souvent de ses ornements, et d'une grande pauvreté :
ce n'est plus que le squelette de l'ancien style, mais
l'ogive est souvent encore employée pour les fenêtres
et les arcades.

On pourrait citer des centaines d'églises de ce
style, élevées lorsque celui de la Renaissance brillait
déjà de tout son éclat dans les châteaux et les constructions civiles.

A tout prendre, les constructions de la Renaissance
ont été plutôt civiles que religieuses : c'est-à-dire
qu'on a construit dans ce style moins d'églises que
de palais, de châteaux et de maisons.

ARCHITECTURE RELIGIEUSE.

Plan des églises.

Le plan des églises du XVI° siècle fut à peu près
le même qu'au siècle précédent.

Ornements.

Les panneaux et les frises, les pilastres et les
autres membres architectoniques, furent couverts
d'une très-grande quantité d'imitations du règne
animal et du règne végétal. Des amours, des figures
diverses, souvent imaginaires, s'enlaçaient dans des

dessins capricieux, mais toujours conduits avec grâce,
qui ont été appelés *arabesques*, dénomination singu-
lière, puisque les Arabes ont proscrit la nature ani-
mée de leurs ouvrages d'imitation.

L'église de Semur nous offre de magnifiques ara-

ARABESQUES A L'ÉGLISE DE SEMUR.

besques : nous en trouvons de sculptées avec une

égale finesse dans l'église de St-Pierre de Caen, si remarquable par ses beaux pendentifs, et dans beaucoup d'autres monuments religieux ou civils du XVIᵉ siècle.

Les arabesques, pour nous servir du mot impropre qui a prévalu, étaient une imitation des décorations peintes que l'on avait trouvées dans plusieurs monuments antiques où elles avaient pu se conserver, et que l'on montre encore aujourd'hui dans les galeries voûtées et obscures des bains de Titus, à Rome.

Fenêtres.

Souvent les *fenêtres* sont à plein-cintre, et sans compartiments en pierre. Les *portes* et les arcades sont également cintrées.

La fenêtre que voici, tirée de l'église de St-Pierre de Caen, montre le style de la Renaissance le mieux caractérisé, non-seulement dans sa forme, mais dans ses accessoires (contreforts-pilastres, clochetons-candélabres, etc., etc.), dans les figures, les médaillons, dont elle est surmontée, et dans

l'entablement à balustrade qui couronne le tout. Cette balustrade, avec ses entrelacs gracieux et ses personnages nus, reproduit un des types de ce genre les plus gracieux du XVIe siècle.

De même qu'au XIIe siècle, une architecture de transition s'était formée lorsqu'on avait abandonné le cintre pour l'ogive ; on vit paraître, lorsqu'on revint au cintre, un style mixte résultant de la combinaison des formes classiques avec les ornements du XVe siècle. Le plein-cintre romain se montra couvert de la riche parure du style ogival, et l'ogive se maria aux arabesques et aux frontons antiques.

L'église de la Ferté-Bernard (Sarthe) nous offre des exemples de ce mélange : ainsi, la fenêtre suivante, qu'on y voit, présente des compartiments dans le style de la Renaissance (pilastres, frontons, pendentifs), au milieu d'une grande ogive bordée de moulures dans le style du XVe siècle.

Voûtes.

A cette époque, les *voûtes* conservent souvent la forme ogivale, mais elles tendent à se surbaisser et parfois·elles sont à plein-cintre ; leurs arceaux se ramifient et sont couverts de culs-de-lampe et de pendentifs, ornés de ciselures, comme dans les voûtes de l'église de St-Étienne-du-Mont (V. la page sui-

UNE FENÊTRE DE L'ÉGLISE DE LA FERTÉ-BERNARD.

vante), dont la reconstruction fut commencée en
1517, et n'était pas encore achevée en 1563.

ÉGLISE SAINT-ÉTIENNE-DU-MONT.

Beaucoup d'églises rurales et même quelques
grandes églises n'ont encore, au XVI⁰ siècle, que
des voûtes en bois, et comme ces lambris sont assez
importants, il est bon d'en dire un mot : ils se composent, comme dans les édifices civils de la même
époque, des poutres placées sur le sens de l'épaisseur
des murs et qu'on nomme *sablières*, des arbalétriers
qui dessinent l'ogive ou le cintre.

Ceux-ci sont maintenus par des poutres transver-

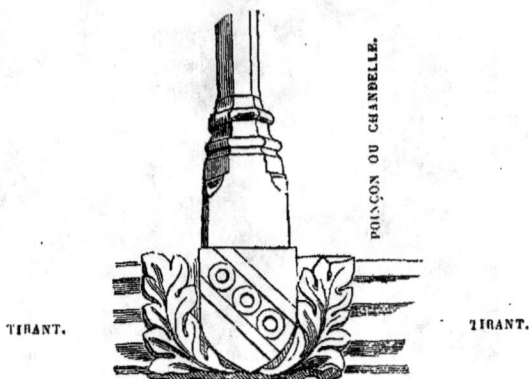

sales appelées *tirants*. La poutre *faîtière* est portée,
de distance en distance, par des poteaux ou *poinçons*
s'élevant verticalement des tirants jusqu'au sommet
de la voûte.

Les planches qui cachent les chevrons et forment
le contour apparent de la voûte ont été quelquefois
couvertes de peintures, et les lignes de jonction ont
été dissimulées par des tringles sculptées.

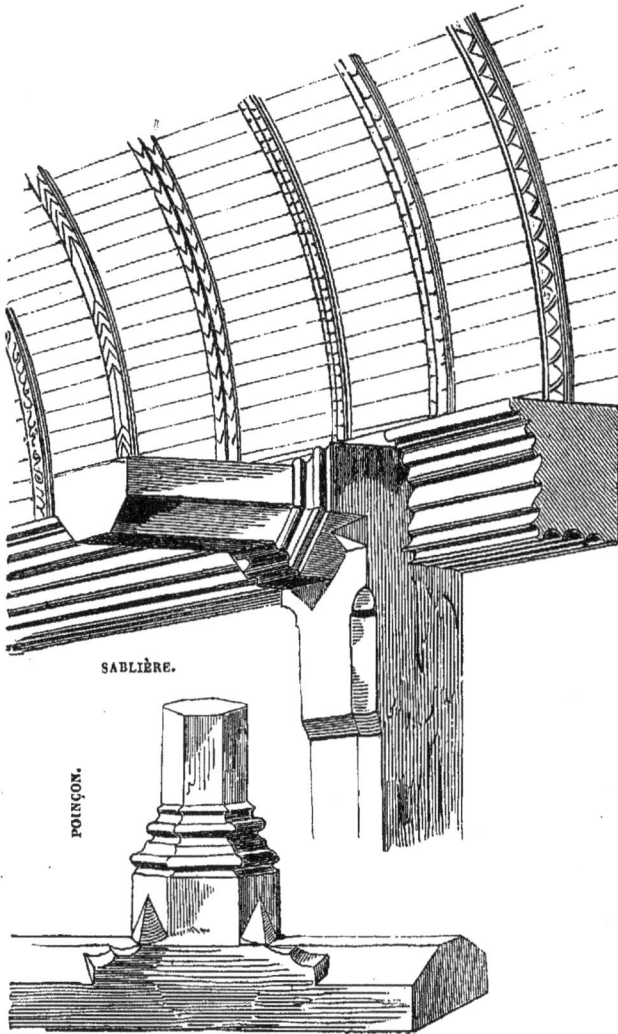

FRAGMENT D'UNE VOUTE EN BOIS DE FORME CINTRÉE.

SABLIÈRE.

POINÇON.

TIRANT.

Autels.

Le style de la Renaissance changea, comme on doit le prévoir, le système d'ornementation des autels, et les formes anciennes furent modifiées.

Il existe encore, dans quelques églises de campagne, des rétables en bois, du XVI⁰ siècle, dans le genre de celui que nous donnons à la page suivante, surmontés par un dais horizontal. On ne saurait trop respecter ces anciens autels, et nous les recommandons à MM. les Curés, malheureusement trop portés à faire disparaître ce qui est ancien pour le remplacer par des ouvrages modernes sans style et souvent de mauvais goût.

Quelques rétables montrent l'histoire de Jésus-Christ ou celle du patron de l'église, figurée dans une série de tableaux dont les statuettes sont sculptées avec une finesse extraordinaire et couvertes de peintures.

Bien des rétables en bois à personnages, du XVI⁰ siècle, ont été jetés sous les combles des églises après avoir été remplacés, et y sont restés jusqu'à ce que les brocanteurs les y aient trouvés pour les dépecer et les vendre, au poids de l'or, comme objets de curiosité.

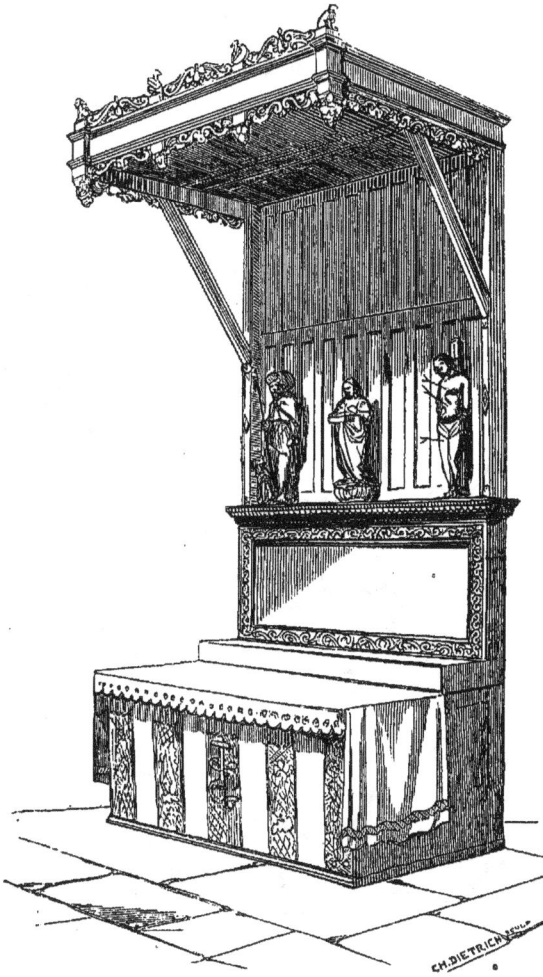

AUTEL EN BOIS DU XVIᵉ SIÈCLE.

Fonts baptismaux.

On vit les fonts baptismaux nouvellement établis
se revêtir de rinceaux et de broderies. Dans quelques-
uns, la circonférence est partagée en quatre panneaux
encadrant des sujets religieux exécutés en bas-relief.
D'autres, comme celui-ci, sont ornés de médaillons.

FONT DU XVIᵉ SIÈCLE.

Mais les fonts pédiculés à calice hémisphérique sont
toujours les plus nombreux.

Tombeaux.

Trouvant dans les matériaux précieux (marbre, albâtre, etc.) qu'ils pouvaient employer pour ces constructions de dimensions moyennes, une finesse très-favorable à la délicatesse de leurs sculptures, les artistes de la Renaissance exécutèrent avec prédilection les monuments funéraires. Les tombeaux des cardinaux d'Amboise, dans la cathédrale de Rouen; celui de François II, duc de Bretagne, et de ses deux femmes, que l'on voit dans le transept sud de la cathédrale de Nantes; celui qui existe dans le transept nord de la cathédrale de Dol (Ille-et-Vilaine); les tombeaux de François Ier, de Louis XII et d'Anne de Bretagne, à St-Denis, montrent, avec beaucoup d'autres, ce qu'on pouvait faire en ce genre de plus magnifique et de plus fini.

Sur les pierres tombales, les formes des dessins gravés au trait subirent les mêmes changements que l'architecture. Le plein-cintre fut, dans le cours du XVIe siècle, substitué à l'ogive pour l'arcade qui encadre l'effigie du mort; cet encadrement devint très-simple, comparé à ce qu'il avait été auparavant; le principe et l'ornementation des deux architectures étaient si différents, qu'il n'en pouvait être autrement.

ARCHITECTURE CIVILE.

Nous avons caractérisé le style de la Renaissance en parlant de l'architecture religieuse (p. 376). On se rappellera que les premiers essais de ce style, dont la multiplicité des ordres était un des principaux caractères, apparurent en France sous Louis XII qui monta sur le trône en 1498, ou plutôt sous son ministre, le cardinal d'Amboise. Ce style fit un grand pas sous François Ier, dans les parties ajoutées au château de Blois et dans le château de Chambord. L'architecte Philibert de Lorme et le sculpteur Germain Pilon, sous le règne de Henri II, paraissent l'avoir élevé à la perfection. A partir de cette époque, dit M. Hope, il continua à fleurir avec plus ou moins de bonheur, jusqu'à ce que, sous Louis XIV, Perrault, dans la façade du Louvre, suivit l'exemple qu'avait donné Michel-Ange, et abandonnât la multiplicité des ordres et les minuties de la période préeédente, pour ne déployer qu'un seul ordre sur une plus grande échelle et dans un style plus hardi.

En Angleterre, le style de la Renaissance obtint la vogue beaucoup plus tard qu'en France. Wolsey, le vaniteux ministre de Henri VII, et la reine Élisabeth, pendant son long règne, conservèrent toujours, dans leurs palais et leurs *villas*, le style gothique, à l'époque même où Jean Goujon égalait presque l'antique, dans les ornements de la cour du Louvre. Ce ne fut qu'après le couronnement de Jacques Ier, en 1608, que parurent, à Oxford, les premiers essais du style de la Renaissance dans les cinq ordres empilés, en quelque sorte, l'un sur l'autre au portail de l'Université.

Nous nous bornerons à donner quelques spécimens de monuments civils appartenant à la Renaissance. Ces exemples suffiront pour familiariser avec ce style appliqué aux édifices civils.

Il existe à Périgueux une maison de la Renaissance que voici, d'après le dessin de M. Jules de Verneilh; les fenêtres à lucarnes qui se détachent du toit sont d'une remarquable élégance.

Une autre maison de Périgueux , avec ses rampes en pierre et ses voûtes à pendentifs ornés de caissons et de personnages en bas-reliefs , nous montre quelle importance on donnait, au XVIe siècle, à ce moyen d'accès. Nous avons beaucoup d'escaliers du XVIe siècle qui sont de véritables chefs-d'œuvre.

Nous donnons (p. 393) une magnifique fenêtre du château de Puy-Guilhem (Dordogne).

Les maisons de bois sont quelquefois plus chargées d'ornements que les maisons en pierre , et les huchiers du temps ont déployé un très-grand talent d'exécution dans la ciselure des poteaux qui encadrent les fenêtres, les lucarnes et les poteaux corniers.

C'est ce que nous montre une maison de Lisieux ,

MAISON DE LA RENAISSANCE, A PÉRIGUEUX.

ESCALIER DE LA RENAISSANCE, A PÉRIGUEUX.

FENÊTRE DE LA RENAISSANCE, AU CHATEAU DE PUY-GUILHEM (DORDOGNE).

FRAGMENT D'UNE MAISON DE BOIS, A LISIEUX.

ville très-riche encore en architecture du XVIe siècle, et cet autre fragment de la décoration d'une maison de Caen. Ces deux exemples, pris au hasard entre

FRAGMENT D'UNE MAISON DE BOIS, A CAEN.

cent autres, suffiront pour montrer comment le style de la Renaissance s'est manifesté sur le bois dans nos constructions civiles du XVIe siècle.

Souvent les grands appartements se distinguent par des décorations particulières et de magnifiques

CHEMINÉE DU XVIᵉ SIÈCLE.

cheminées. Enfin, les crêtes, les épis en plomb ou
en terre cuite qui couronnent les toits, atteignent,
au XVIᵉ siècle, une grande élégance et une hauteur
considérable.

ARCHITECTURE MILITAIRE.

Les châteaux de la Renaissance, quoique entourés
de fossés pleins d'eau et souvent garnis de tours,
ne sont plus des places fortes dans la véritable
acception du mot, ce sont d'élégantes habitations
pour lesquelles on essayait seulement de conserver
des apparences féodales. C'est ce que nous ferons
tout d'abord comprendre en présentant une vue
cavalière du château de Chevillon (Yonne), dont

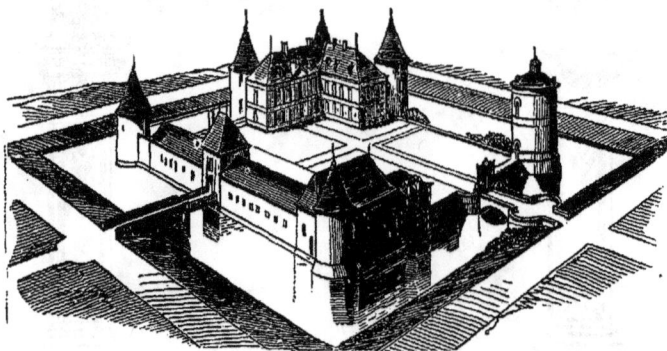

les tours qui se mirent dans l'eau n'ont rien de ro-

12

buste et n'auraient pu résister à la mousqueterie, encore moins au canon.

L'architecture des châteaux, à part leur ceinture et leurs fossés pleins d'eau, se confond donc avec l'architecture civile; les salles, les escaliers, les galeries ne sont pas moins ornées que dans les palais et les hôtels des villes; les arabesques et les moulures y ont même quelquefois été prodiguées à l'excès (V. la page suivante).

Un grand nombre de châteaux se composent simplement d'une cour carrée, garnie de constructions rurales, au fond de laquelle se trouve le manoir seigneurial; les fenêtres de ces maisons ont presque toujours été changées et défigurées, mais on y voit souvent, presque intacte, la tour à pans coupés qui renfermait l'escalier, et qui était appliquée sur le milieu de l'édifice : ces *Gentilhommières*, comme on les appelait parfois, sont très-communes dans les campagnes.

La France possède encore des centaines de châteaux remarquables du XVIᵉ siècle, parmi lesquels il suffit de citer Chenonceaux, Chambord, Gaillon, Ascier (Lot), Oiron (Deux-Sèvres), Fontaine-Henry, Lasson (Calvados), et tant d'autres connus de tous ceux qui ont un peu voyagé, pour rappeler les types des plus grandes et des plus riches constructions castrales. Nous nous bornerons à figurer quelques-uns de ces gracieux monuments de

Boust del.

ORNEMENTATION DU CHATEAU DE CHANTELOU (MANCHE).

la Renaissance : ainsi , voici le château d'Azay-le-
Rideau, qui appartient à M. le marquis de Biancourt,

VUE GÉNÉRALE DU CHATEAU D'AZAY-LE-RIDEAU (INDRE-ET-LOIRE).

membre de la Société française d'archéologie ; celui
de Lasson, près Caen , appartenant à M. le marquis

de Livry, remarquable par sa riche ornementation.

VUE DU CHATEAU DE LASSON (INTÉRIEUR DE LA COUR).

Nous donnons encore une vue du château de Bernesq, arrondissement de Bayeux.

CHATEAU DE BERNESQ (CALVADOS). INTÉRIEUR DE LA COUR.

Et, plus loin, un spécimen des petits manoirs assez multipliés dans nos campagnes.

Les châteaux en bois ont continué d'être assez remarquables, au XVIᵉ siècle, dans les contrées où le bois était plus particulièrement employé : on en jugera par la vue ci-jointe du château de Bellou (Calvados), qui a des tours aux angles et qui était défendu par des fossés pleins d'eau ; la pierre n'existe que dans les soubassements (V. la page suivante).

Le colombier seigneurial, qui faisait partie de l'enceinte, est lui-même en bois.

VUE GÉNÉRALE DU CHATEAU DE BELLOU (CALVADOS).

Pour pénétrer dans la cour de ces manoirs entourés d'eau, il fallait ordinairement franchir un pavillon détaché, tel que celui qui subsiste encore à Beuvillers, près Lisieux.

ENTRÉE DU CHATEAU DE BEUVILLERS.

Ce sont les châteaux qui, moins exposés que les maisons de ville aux changements et aux reconstructions, ont conservé le mieux leurs charpentes élevées, leurs épis en plomb ou en terre cuite.

Pour montrer la magnificence de ceux-ci, nous offrons à la page suivante un épi de la Renaissance, de l'ancienne fabrique de Prédauge, près de Lisieux ; il reste encore, dans cet arrondissement, un certain nombre d'épis semblables, malgré les prix énormes qu'en offrent les brocanteurs.

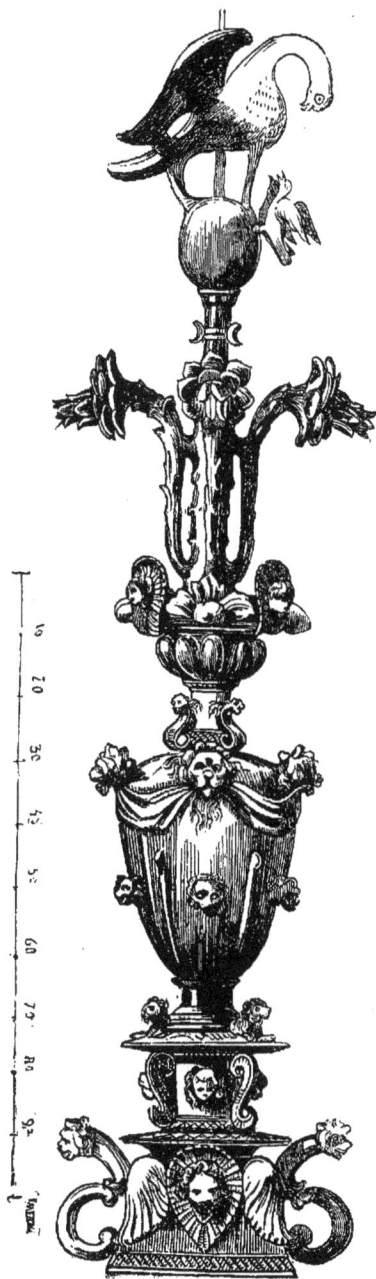

ÉPI EN TERRE CUITE ÉMAILLÉE DU CHATEAU DE LA VIGANNERIE, PRÈS CAMBREMER (CALVADOS).

CHAPITRE VII.

PÉRIODE MODERNE.

Nous ne dirons que quelques mots de la période moderne de l'architecture.

Au XVIIe siècle et au XVIIIe, on chercha à imiter en France une ordonnance qui avait prévalu en Italie, pour les façades des églises, vers la fin du XVIe siècle, et qui consistait à placer un portail au milieu d'un premier ordre de colonnes correspondant à la grande nef et aux bas-côtés, puis à surmonter ce premier ordre d'un second qui ne correspondait plus qu'avec la grande nef, dont les voûtes s'élevaient au-dessus du toit des bas-côtés.

Cette diminution de largeur dans le second étage était rachetée par des espèces de consoles renversées, faisant l'office de contreforts en forme d'S.

Les Jésuites, qui construisaient alors leurs églises, furent les promoteurs principaux de cette ordonnance. Aussi a-t-on quelquefois appelé *style des Jésuites* la nouvelle architecture adoptée pour les églises au XVIIe siècle.

ARCHITECTURE RELIGIEUSE.

Nous donnons pour exemple l'église de la Sor-

bonne, construite par les ordres de Richelieu, de
1635 à 1659, et qui offre un premier ordre corinthien
surmonté d'un ordre composite avec fronton. La
tour est en dôme, c'est-à-dire qu'elle se compose
d'une coupole portée sur un tambour cylindrique.

Disposition intérieure.

L'ordonnance intérieure est en général très-simple.

INTÉRIEUR DE L'ÉGLISE SAINT-SULPICE.

Des arcades massives et portées sur des piliers, décorés quelquefois de pilastres, mettent la nef en communication avec les ailes. Un seul étage de fenêtres, tantôt cintrées, tantôt carrées, surmonte ces arcades et éclaire la grande nef. Les bas-côtés et les chapelles sont éclairés par d'autres fenêtres de même forme.

L'intérieur de l'église de St-Sulpice, à Paris, montre cette ordonnance, qui est la plus habituelle : ainsi, plus de triforium ni de galerie comme on en voyait encore au XVIe siècle.

Tours.

On éleva des tours de différentes formes. Le dôme de la Sorbonne nous montre une de celles qui furent le plus usitées pour les grands édifices. Dans les campagnes, les tours à toit hémisphérique, comme celui-ci, furent très-communes jusqu'à la fin du XVIIIe siècle.

Autels.

Les rétables à colonnes et à frontons se répandirent partout, depuis la fin du XVIe siècle, et formèrent de véritables monuments d'architecture moderne dans les églises ogivales. On y retrouve les éléments des façades des églises modernes, combinés avec art ; ils produisirent un effet un peu

GRAND RÉTABLE DU XVIIe SIÈCLE.

théâtral, mais imposant : on en jugera par l'exemple qui précède.

Quoique ces autels soient souvent peu en harmonie de style avec le reste de l'église, nous recommandons instamment de les conserver et de ne pas les faire démolir pour leur substituer des autels gothiques.

Tombeaux.

Durant la période que je viens d'indiquer, les tombeaux ont été remarquables : on y employa les marbres les plus variés.

On vit alors quelques cercueils renflés en forme

TOMBEAU AVEC STATUES COUCHÉES (1617).

de carène de navire, mais les anciennes formes continuèrent d'être employées et l'on plaça encore,

STATUE DU XVIIe SIÈCLE (RÈGNE DE LOUIS XIII).

comme aux siècles précédents, des statues couchées

sur le tombeau (V. la page 412); mais le plus souvent le défunt fut représenté à genoux dans l'attitude
de la prière (V. la page 413).

ARCHITECTURE CIVILE.

Si de l'architecture religieuse nous jetons un coup-
d'œil sur l'architecture civile, nous verrons que
dans l'est de la France, en Allemagne et en Belgique, le XVIIe siècle a fourni une quantité considérable de ces maisons à hauts pignons et à rempants
étagés, échancrés en forme d'S, qui existaient dès
le XVIᵉ. Le pignon suivant que je donne pour exemple
date de 1620 environ.

Au XVIIᵉ siècle les escaliers offraient des paliers
spacieux dans les maisons importantes; leurs mem-
brures étaient fort épaisses. Les balustres, présentant des poires carrées, portaient une lourde
rampe avec large porte-main.

Voici deux maisons du XVIIᵉ siècle (pages 416-
417); elles montrent le style de cette époque. Dans
la première on ne voit plus les croisées de pierre et
les vitres en petits plombs, elles ont été remplacées
par des châssis en bois; les lucarnes ont conservé
leurs formes premières, leurs montants évasés en
forme d'S et leurs frontons arrondis ou triangulaires,
formes qui, dès les dernières années du XVIᵉ siècle,

MAISON ALLEMANDE DU XVIIᵉ SIÈCLE (1ʳᵉ MOITIÉ).

DUPUIS. s

MAISON DU COMMENCEMENT DU XVIIᵉ SIÈCLE.

ont été souvent employées simultanément et alternativement ; les cheminées quadrangulaires sont
couronnées de frontons.

L'autre maison, qui est d'un style un peu plus
avancé, car elle porte la date **1647**, montre une
belle porte surmontée d'un fronton avec des toits
élevés et de belles cheminées.

HÔTEL DE LA CAILLERIE, A BAYEUX, APPARTENANT A M. DOUESNEL, DÉPUTÉ.

Ces combinaisons sont caractéristiques du XVIIᵉ
siècle.

Le style de la première moitié du XVIIᵉ siècle et
celui qui prédomina durant la minorité de Louis XIV

ne manquent pas de grandeur, et les monuments de cette époque devraient être conservés.

D'autres maisons qui vont suivre appartiennent au moins en partie, au règne de ce dernier prince, c'est-à-dire à la deuxième moitié du XVIIe siècle ; je les range dans leur ordre présumé d'ancienneté.

La maison que voici est un moulin à eau. La façade élégante annoncerait bien plutôt un petit château qu'une usine à blé. Elle porte la date 1664.

LE BEAU MOULIN A TRÉVIÈRES PORTANT LA DATE 1664.

Ses deux portes symétriques, l'encadrement à pilastres et le fronton coupé à plusieurs frises superposées qui occupent le centre, caractérisent parfois une date un peu plus ancienne, quoique ce style se perpétue dans quelques monuments jusqu'au commencement du XVIII° siècle.

PARTIE DU CHATEAU D'HARCOURT

G. Bouet.

La partie du château d'Harcourt qui précède ne

doit pas être antérieure à la fin du XVIIe siècle et ne date peut-être que du commencement du XVIIIe.

Nous rappellerons en terminant que durant le règne de Louis XIV l'architecture se modifia sensiblement.

Paris et la France nous offrent trop d'édifices de cette époque pour qu'il soit utile de le démontrer par des descriptions.

Le XVIIIe siècle et le XIXe ont aussi apporté des changements dans l'architecture. Nous n'avons pas à nous en occuper.

Ici se termine l'aperçu tout-à-fait élémentaire que je destine aux Écoles primaires, et qui devait, par sa destination même, être d'une grande concision. Je n'ai rien dit de l'iconographie et de la statuaire aux différents siècles du moyen-âge ; je n'ai pas non plus parlé de l'ameublement des églises (stalles , chaires, boiseries, etc. , etc.) ni de celui des maisons publiques ou privées. Pour traiter de toutes ces matières, il eût fallu faire un gros livre et sortir du cadre restreint que je m'étais imposé.

Pour qu'une étude offre de l'intérêt à celui qui s'y livre, il faut d'ailleurs se garder de tout dire, de tout exposer en commençant ; il faut que la curiosité et le désir d'apprendre se développent gra-

duellement, et je suis convaincu qu'en toute chose
rien n'est plus à craindre pour de jeunes élèves que
LA FATIGUE ET LA SATIÉTÉ.

Ceux qui voudront pousser plus loin leurs études
pourront, d'ailleurs, avoir recours à quelques ouvrages dont nous allons donner les titres (1).

(1) Voir la page suivante.

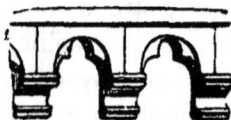

OUVRAGES A CONSULTER.

Abécédaire ou rudiment d'archéologie (architecture religieuse), par M. DE CAUMONT, fondateur des Congrès scientifiques de France. 5ᵉ édition. 1 vol. in-8° orné de 1175 vignettes, chez Le Blanc-Hardel, rue Froide , 2 , à Caen.

Abécédaire ou rudiment d'archéologie (architecture civile et militaire), par le Même. 1 vol. in-8° orné de 800 vignettes.

Abécédaire ou rudiment d'archéologie (architecture galloromaine), par le Même. 1 vol. in-8° orné d'un grand nombre de vignettes.

Cours d'antiquités monumentales, par le Même. 6 volumes in-8° et atlas.

Traité de la Réparation des églises, *Principes d'Archéologie pratique*, par M. R. Bordeaux, 2ᵉ édition, fig. sur bois. Un volume in-8°. Chez Durand, libraire à Paris, rue Cujas.

Questions ecclésiologiques, par l'Auteur du *Traité de la Réparation des églises*. In-8°, 15 pages. Arras, imp. Rousseau-Leroy.

Dictionnaire raisonné de l'architecture française du XIᵉ au XVIᵉ siècle, par M. Viollet-le-Duc, architecte. Illustré de grav. sur bois. 9 volumes in-8°.

Définition élémentaire de quelques termes d'architecture, par M. DE CAUMONT. 1 vol. in-8° orné de figures.

Bulletin monumental, la plus intéressante de toutes les publications faites en France, au point de vue des antiquités nationales (35 volumes). — Chaque volume renferme une quantité considérable de figures.

Enfin, les curieux *Comptes-rendus* des nombreux Congrès tenus en France depuis plus de 30 ans par la Société française d'archéologie.

TABLE DES MATIÈRES.

CHAPITRE III.

MOYEN-AGE.—ÈRE ROMANE.

CHAPITRE IV.

ÈRE OGIVALE. XIII·SIÈCLE.

CHAPITRE V.

ÈRE OGIVALE. XIVᵉ SIÈCLE.

CHAPITRE VI.

ÈRE OGIVALE. XV· SIÈCLE ET COMMENCEMENT DU XVI·.

CHAPITRE VII.

STYLE DE LA RENAISSANCE.

CHAPITRE VIII.

PÉRIODE MODERNE.

Caen, typ. F. Le Blanc-Hardel.

www.ingramcontent.com/pod-product-compliance
Lightning Source LLC
Chambersburg PA
CBHW071957270326
41928CB00009B/1463